ビジネスマンのための

B3（ビースリー）ダイエットで あなたも必ずやせられる！

整体師・B3ダイエットトレーナー
寺平 義和

同文舘出版

はじめに

　本書を手に取っていただき、ありがとうございます。
　この本を手に取ったあなたは、
「ダイエットに成功してスタイルがよくなりたい」
「健康のためにやせたい」
「メタボをどうにかしたい」
など、いろいろな理由でダイエットしたいと思っていることでしょう。

　はじめまして。寺平義和と申します。私は2000年から整体師として、そして2012年からは、Ｂ３ダイエットトレーナーとしても活動しています。
　そんな私が、なぜダイエットの本を書こうと思ったのか、少しお話しさせてください。

　私は以前太っていて、MAXのときは113kgありました。現在は70kgで体脂肪率は11％です。
　子供のころから太っていていろいろなダイエットを試してきましたが、失敗してはリバウンドの繰り返し……。いつからかやせることをあきらめ、自分に自信を持てずに生きていました。
　そんな私が社会で生き抜くためにしていたこと。それは、太っていることをネタにしながら明るく振る舞うことでした。
　でも本当は、やせたい！
　スポーツもして楽しみたい！
　オシャレな服を着たい！
と想っていました。
　そしてその想いは、愛知県名古屋市と安城市で、整体院とダイエットジムを経営されているＢ３ダイエットグループ代表の徳山将樹さんと出会い、Ｂ３ダイエットに取り組んだことで達成できました。９ヵ月間で

113kgから40kgやせることができたのです。

　おかげさまで、ダイエットしてから5年たちますが、リバウンドしていません。そして、ダイエットに成功してからというもの、嬉しいことがたくさん起こりました。
　具体的にいくつかあげてみると、
・健康診断で引っかかっていた肝臓や腎臓の数値、尿酸値が正常値に改善したこと
・服のサイズがなくてインターネットで買っていたのが、お店で、着たい服を選べるようになり、オシャレを楽しめるようになったこと
・体力がアップし子供と思いっきり遊んであげられるだけでなく、疲れなくなったこと
・今まで以上に、仕事にプライベートに活動的になれたこと
・ごくまれですが、女性から「カッコいい！」なんて言っていただけるようになったこと。本当にごくまれですし、お世辞もかなり入っているようですが……
・ダイエットをやり遂げた自分に自信が持てるようになったこと
などです。

　本当に人生が180度いい方向に変わったと思います。そんな中で、私に芽生えた想いがあります。それは、「私と同じように健康や体型に悩んでいる人に、本当に効果のある正しいダイエット法でやせていただきたい」ということです。
　そんな想いからＢ３ダイエット考案者の徳山将樹さんに指導を受け、Ｂ３ダイエットプログラムを愛知県東海市で提供することにしました。
　Ｂ３ダイエットプログラムに取り組んだ人は、皆さんダイエットに成功して喜んでいるだけでなく、自分で頑張った成果だからだと思いますが、自信に満ちあふれ、以前より人生を前向きに楽しんでおられます。

　日頃から、そんな人を１人でも多く増やしていきたいと思っているの

ですが、私がＢ３ダイエットトレーナーとしてサポートできる人数は限られています。
　それならば、この方法をもっと多くの人に知っていただき、実践してもらえれば、単にダイエットの成果が得られるだけでなく、メタボが減り、生活習慣病が改善され、医療費も下がって健康な人が増えるのではないか。
　日本中が、健康な人生を前向きに歩く人であふれるようになったら、嬉しい！
　そんな想いに賛同してくださった同文舘出版さんから執筆のチャンスをいただき、本書を書かせていただくことになりました。

　本当に結果の出るダイエット法というのは、実は何か特別なことをやるわけではなく、
　「結果の出る正しい知識を身につけ、正しい食事と運動を続ける」
という、きわめて単純なものです。ダイエットの原点と言えることかもしれません。
　この原理原則をわかった上で正しい方法を行なえば、結果が出るだけでなく、自分に自信を持つことができます。
　本書には、Ｂ３ダイエットで健康的にカッコよく、きれいになりながらやせるための知識とその実践方法、ダイエット後のリバウンドしない習慣を身につける方法まで、ノウハウが凝縮されています。
　本書がダイエットに成功して、体型に悩む人生とサヨナラしたい人のための、教科書として使ってもらえると嬉しく思います。

　　2017年8月　　　　　　　　　　　　　　　　　　　　　　寺平義和

CONTENTS

はじめに

1章 人は、なぜダイエットに失敗してしまうのか？

1　人は、なぜダイエットに失敗してしまうのか？　　10
2　「食べないダイエット」と「単品ダイエット」がダメな理由　　13
3　「楽して簡単ダイエット」に惑わされない　　16
4　ダイエットが成功する3つのキーポイント　　19
5　ダイエットに必要なのは正しい知識を身につけること　　23
6　リバウンドしてきた人ほどダイエットに成功する理由　　26
7　リバウンドの原因は筋肉がやせるダイエットだった　　30

COLUMN 1　筋トレ前の「動的ストレッチ」のやり方　　33

2章 効率よくダイエットをするなら 3つの大きい筋肉(BIG3)を鍛えよう

1　3つの大きい筋肉トレーニングでダイエットが進む理由とは？　38
2　ＢＩＧ３の筋肉トレーニングで得られるメリット　42
3　どんな筋肉トレーニングがいいの？　46
4　ウォーキングだけではやせにくく、リバウンドしやすい理由とは？　50
5　体幹トレーニングはダイエットに効果的か？　54
6　実践してみよう！　筋トレのスタンダードなルール　57
7　自宅で誰でもできるＢＩＧ３の筋肉トレーニング法　61
8　おまけで腹筋トレーニングもできればなおGOOD！　72
9　1週間のお勧めスケジュールの組み方　77

COLUMN2　筋トレ後の「静的ストレッチ」のやり方　79

3章 フードチョイスとは ダイエットが進む食事法

1　私が勧める「フードチョイス」とは何か？　84
2　脂質と糖質で太るメカニズムとは？　88
3　健康的にやせるメカニズムとは？　92
4　フードチョイスで健康的にやせる3大栄養素の摂り方　96
5　あなたに合ったフードチョイスは3コースある　104

6 「新幹線コース」のメリットと注意点　108
7 栄養成分表示を見るクセをつけよう　110

COLUMN 3　宿便が出たらやせる？　114

4章　実践！フードチョイスをしてみよう

1 お勧めの食材・調味料・調理方法とは？　116
2 コース別　フードチョイスの具体的な食事例　120
3 フードチョイスの夕食お勧めレシピ10　125
4 ダイエットのための外食の上手な利用方法　131
5 ダイエットに有効なワンポイントテクニック　135

COLUMN 4　ビタミンとミネラルも大切です！　138

5章　B3ダイエット流リバウンド対策

1 リバウンドしないダイエットの本当のゴールを目指す　140
2 リバウンドしない4つのステップ❶目標と現状を把握する【自己客観視】　143
3 リバウンドしない4つのステップ❷行動スケジュールを約束する　147

4　リバウンドしない4つのステップ❸やらざるを得ない環境をつくろう　152
5　リバウンドしない4つのステップ❹楽しんで取り組む　155
6　リバウンドしない習慣を身につけるステップ［番外編］　159

COLUMN 5　なぜ、太ももやお尻に肉がつきやすい？　162

6章　B3（ビースリー）ダイエット実践記

1　［実例1　M.Kさん（男性32歳）］
　　バレーボール部出身で細身だったが、社会人になって徐々に太ってしまった……　164

2　［実例2　K.Yさん（男性44歳）］
　　仕事柄、昼食から夕食までの時間があき、徐々に太ってしまった……　166

3　［実例3　T.Kさん（女性55歳）］
　　外見は太って見えなくても中身が変わってしまった……　168

4　［実例4　K.Bさん（男性45歳）］
　　メタボ体型で健康診断の数値もよくなかったが……　170

5　［実例5　O.Kさん（女性42歳）］
　　子供を産んでから体重が増え始めたが、いいスタイルを取りもどしたい……　172

6　［実例6　Y.Kさん（女性39歳）］
　　脚とお尻に肉がついて、ダイエットしてもスタイルが変わらない……　174

7　あなたのなりたい体型になりましょう　176

おわりに

装幀・本文DTP　春日井恵実

1章

人は、なぜダイエットに失敗してしまうのか？

1 人は、なぜダイエットに失敗してしまうのか？

　すぐにでもダイエットが成功する方法をご紹介したいところですが、その前に「人は、なぜダイエットに失敗してしまいやすいのか」ということをお話しさせてください。
　なぜなら、**失敗する理由を理解すれば、後はそれをやらないようにするだけでダイエットがうまくいく**からです。
　私自身、何度もダイエットをしてはリバウンドを繰り返しました。そして私だけでなく、Ｂ３ダイエットスタジオに来られるクライアントの方の90％以上が過去にリバウンドを経験されています。
　そこで、私とクライアントの方の失敗を分析したところ、ダイエットに失敗してしまう３つの理由が見えてきました。
　その３つの理由とは【あせる】【比べる】【あきらめる】というものです。
　順を追って解説していきますね。

［あせる］

　ダイエットでは、つい大きな目標（短期間で大幅な減量）を設定しがちですが、結果を急ぐと失敗してしまいます。
　ダイエットをしようと心に決めたとします。そんなとき早く結果を出そうとあせって、食事を極端に減らしたり、いきなりウォーキングを２時間したりと、過激なことをしてしまう人がたくさんいます。
　そういう方法は、はじめこそ体重は減りますが、しだいにしんどくなり、ストレスも溜まってきて、嫌気がさしてやめてしまいやすいのです。その結果、ダイエットに失敗ということになってしまいます。
　そもそも、**ダイエットをしようと思った今の体に、すぐになったわけで**

はありませんよね。それなりの時間をかけて太ったと思います。

その時間に比べて極端に短い時間で結果を出そうとあせってしまうと、うまくいきません。

それよりも、あせらず健康的・効率的なダイエットに取り組むほうが、最終的には早く結果が出ます（健康的で効率のいい方法は後の章でご紹介しますので、楽しみにしていてください）。

［比べる］

人と比べてしまうと、ダイエットは失敗してしまいます。

モデルさんのようにスタイルのいい人を目標にするのはいいのですが、そういう人と自分のスタイルを比べてばかりいると、少しずつやる気が落ちてきてしまいます。

モデルさんたちは食事とトレーニング方法を勉強し、実践して何年もかけてあの体をつくりあげています。いわばプロフェッショナルです。いきなりそこに近づこうとするのは、野球を習ったことのない少年が、すぐにプロ野球選手になろうとするのと同じです。

まずはダイエットの知識を身につけて、できることから始め、一歩ずつなりたい自分に近づくことが大切です。

また、身近な人を見て、「あの人はあんなに食べているのに、ぜんぜん太っていない！」「私のほうがあの人より努力しているのに！」と比べるのもよくありません。

羨ましく思う気持ちはよくわかるのですが、他人は他人です。**体型には体質の個人差がありますし、生活環境の違いなど、いろいろな要素が関わってきます。**

ダイエットは自分自身のことです。人と比べることから脱却すると余計な考えに惑わされなくなるので、気持ちが落ち着いてダイエットがうまくいきます。

［あきらめる］

単純に、ダイエットをあきらめてしまうと失敗します。当然ですよね。

でも、そういう人がけっこう多いのです。

　例えば、ダイエット中に一度ドカ食いをして体重が増えてしまうと、嫌気がさして、「私には無理だ。もういいや」「自分は意志が弱いんだ」と、自己嫌悪に陥ってやめてしまうのです。もったいないことです。

　ダイエット中はとくに、０か100に気持ちが振れやすい状態になっています。うまくいっているときは100のパワーで突き進み、少し失敗すると、「もうダメだ！」と、パワーが０になって諦めてしまう人が驚くほど多いのです。

　人は完璧ではありません。ときに食べすぎて体重が増えてしまうこともあります。大切なのは、**「そういうこともあるものだ」と、はじめから想定しておくこと**です。それだけで気持ちがかなり楽になります。

　ダイエットは逃げません。逃げてあきらめるのは、いつだって自分です。少しうまくいかないときがあっても、リカバーしてあきらめずに続ければ、ダイエットはうまくいきます。

　また、１日ドカ食いした程度ではすぐに脂肪はつきません。増えた体重はむくみや水分であることが多いので、あせらずに食事を正して運動をすれば、早い段階でもどります。

　以上のことを頭に入れた上で、ダイエットに失敗しやすい【あせる】【比べる】【あきらめる】の３つの理由の語尾を、『る』から『ない』に変えてみてください。

　【あせらない】【比べない】【あきらめない】に変えるだけで、ダイエットはうまくいくようになります。

2

「食べないダイエット」と「単品ダイエット」がダメな理由

カロリーが消費されない！

　ダイエットを決意したとたんに、いきなり食事を極端に減らして「食べないダイエット」を始めてしまう人や、テレビで「○○を食べるとやせる！」と紹介されると、そればかり食べる「単品ダイエット」を始めてしまう人がいます。
　実はこれは、一番やってほしくないダイエット法です。
　そもそもそのような食事で、ダイエット効果はあるのでしょうか？

　結論から言うと、確かに効果はあります。体重も減るのが早いです。ただ減り方に問題があります。
　その理由は、「食べないダイエット」「単品ダイエット」をすると、必要な栄養素が足りずに栄養不足、カロリー不足になるからです。
　栄養不足・カロリー不足になると、人の体は生きるためのエネルギーを自分の体内にあるものだけで何とかする必要が出てきます。そのときに、脂肪を優先的に燃やしてエネルギーにしてくれればいいのですが、残念ながらそうではありません。
　優先されるのは脂肪よりも筋肉です。筋肉を分解してエネルギーとして使ってしまうのです。簡単に言うと、「脂肪を減らしたい」と思ってダイエットを頑張っているにもかかわらず、脂肪ではなく筋肉がどんどん減ってしまうのです。

　確かに体重は減りますが、これではダイエットの成功とは言えません。なぜならカロリーを消費する基礎代謝の大部分を占めているのは筋肉だか

らです。

　筋肉が減ると代謝も低下するので、消費カロリーはむしろダイエット前より低い状態になります。そこで食事を元にもどすと、ダイエット前なら食べても太らなかった量でもカロリーオーバーとなり、その結果、リバウンドしてしまうのです。

　体重75kgの人が「食べないダイエット」「単品ダイエット」をして一時的にやせ、その後リバウンドして75kgになるのと、ダイエットをしないでそのままの75kgなら、後者のほうがまだいいと言えます。

　なぜなら、後者の体に比べて前者は筋肉が減り、代謝も落ちた体になっているからです。

「健康にいい、筋肉が育ちやすい、脂肪が燃える食品」を

　このように「食べないダイエット」「単品ダイエット」をすると、やせるどころか、自ら太りやすい体づくりをすることになってしまいます。これは新幹線に例えると、現在の体が〈新大阪駅〉にいて、スリムになった体が〈東京駅〉着とすれば、いきなり反対方向の博多方面に出発するようなものです。

　「食べないダイエット」「単品ダイエット」は絶対にしないでくださいね。

　では、どうすればいいのでしょうか？
　そのポイントは、健康にいい食品、筋肉が育ちやすい食品、脂肪が燃え

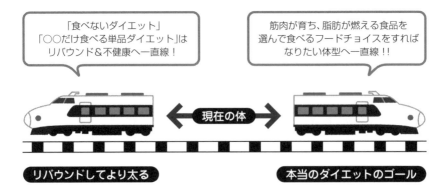

やすい食品を選んでしっかり食べることです。

　もちろん、しっかり食べると言っても、無制限に食べていいわけではありません。どんなにいい食品であっても２人前、３人前の量を食べれば、カロリーオーバーで太ってしまいます。**１人前の適量を、食べる食品を選んでしっかりと食べる**ことが大切です。

　くわしくは３章、４章のフードチョイスのところでご紹介します。

　もう一度、「食べないダイエット」「単品ダイエット」による悪い流れを見てみましょう。

■「食べないダイエット」「単品ダイエット」開始
→カロリー不足・栄養不足
→筋肉からエネルギーを取ってきてしまう
→体重は減るが筋肉も減る
→基礎代謝が落ちて太りやすい体になる
→食事を元にもどす
→リバウンド
→ダイエット前と同じ体重でも筋肉が減り、脂肪が増えた体に
→しないほうがましだったダイエットの完成

　となってしまうのです。

3 「楽して簡単ダイエット」に惑わされない

　世の中を見渡すと、「このベルトを巻くだけで腹筋が鍛えられてメタボが解消！」「骨盤のゆがみを矯正すればやせる！」「これを飲むだけでやせる！」といった宣伝をよく目にします。
　こういった宣伝の共通点は、「楽をして簡単に効果が出る」ことを謳っているところです。
　はたしてこれらは本当に効果があるのでしょうか？
　答えは残念ながら、「効果はありません」です。
　では、なぜこれらのものが効果がないのかをこれから解説していきます。

ベルトを巻くだけでやせる？

　腹筋にパッドを貼ったり、ベルトを巻いたりしてＥＭＳ（電気筋肉刺激）でブルブルと腹筋を動かすことで、運動をせずにお腹がへこむ、腹筋が割れる、テレビを見ながらでも簡単にやせる、という機器が売られています。
　このＥＭＳは、もともと病気や手術で筋肉が著しく落ちてしまった人や、腹筋運動が１回もできない人などのために、筋肉をつけるためのリハビリ用の補助機器として開発されたものです。
　確かに電気刺激で筋肉を動かすことで、筋肉が著しく弱くなった人の筋肉を増やす補助にはなります。
　しかし、ダイエットという視点で見ると、
①筋肉を電気刺激で動かすだけではカロリー消費が少ない
②筋肉が育って代謝が上がるほどの負荷ではない
ということから、やせる効果はほとんどないと言えます。

1章 ● 人は、なぜダイエットに失敗してしまうのか？

腹筋電気ブルブルベルト
- 病気や手術で筋肉が落ちた人
- リハビリとして
- 筋肉が弱すぎる人

筋肉をつける手助けとしては有効だけど……

骨盤矯正
- 腰痛の改善
- 姿勢がよくなる
- むくみがとれる

etc. には有効だけど……

サプリメント
- 運動と食事のコントロール

があれば、補助食品としては有効だけど……

これをするだけではダイエット効果はなし！！

骨盤のゆがみを矯正してやせる？

　私は整体師です。その立場から言うと、骨盤のゆがみを矯正するだけではやせることはありません。やせることはありませんが、骨盤のゆがみを矯正することで腰痛、股関節の痛みは改善します。

　また姿勢がよくなることで、見た目の印象が変わることもありますし、ヒップやウエストのサイズが数センチ、ダウンすることもあります。ただ、これは骨盤を矯正したことでやせたわけではありません。血流が上がり、むくみが取れたことで、その人の体が本来のいい状態になっただけです。

　決して脂肪が燃えてダイエット効果が出たわけではありません。

サプリメントを飲むだけでやせる？

　残念ながら、飲むだけで勝手に脂肪が燃えてやせる効果のあるサプリメントはありません。

　しかし、脂肪を燃えやすいように促してくれるサプリメントはあります。例えば、最近流行の特保（特定保健用食品）のお茶に含まれるカテキンやコー

ヒーに含まれるカフェイン、還元型のコエンザイムQ10などは、運動と食事のコントロールを併用しながら飲むと脂肪燃焼効果が高まり、効果的です。
　しかし、運動と食事のコントロールなしに、飲むだけで勝手に脂肪が燃えてくれる、魔法のようなサプリメントは残念ながらありません。あれば、医療費を下げたい国は保険を使ってでも推奨しているはずです。

　以前、トマトをベースにしたサプリメントで、「寝ている間に勝手にダイエット！」「寝る前に飲むだけで努力なし！」と謳ったものがテレビの通販番組で販売されていました。
　もちろん、効果はないので、さすがにこの商品については、2013年に消費者庁が、「やせる根拠がない景品表示法違反」であるとして、健康食品会社に再発防止を求める措置命令を出しました。
　措置命令が出るまでに50億円もの売上げがあったのですから驚きです。

「楽して簡単ダイエット」はない

　こうしたことからわかるように、ダイエットの基本はやはり、ストレスを感じない程度に、運動をして食事をコントロールすることにつきます。
　もし仮に、楽をして簡単にダイエットできる商品やサービスがあれば、それを開発した人はノーベル賞ものですよね。
　冷静に考えればわかることですが、つい、「もしかしたら、これは効果があるかも？」と思ってしまうのが人情です。
　恥ずかしながら私自身、痩身器具やサプリメントを購入してはまったく効果がなく、ダイエットに失敗するということを繰り返してきました。
　この本を手に取ってくださっているあなたには、以前の私がそうだったように、「もしかしたら効果があるかも！」と、思ってほしくありません。
　こうした宣伝文句を謳っている商品やサービスに惑わされない知識をぜひこの本で得てください。
　「楽をして簡単にダイエットはない」、と受け止めることから、ダイエットの成功は始まります。

4
ダイエットが成功する3つのキーポイント

　ダイエットを成功させるために大切な、3つのキーポイントがあります。ダイエット成功のカギとして、ぜひ、この3つを実践することをお勧めします。
　その3つのキーポイントとは、「目標を決める」「行動する」「継続する」というものです。

目標を決める

　まず、**自分がどうなりたいのか**という目標を決めてください。
　目標を決めないでダイエットを始めてしまうと、目指すべき方向がわからなくなってしまいます。そうなると、ダイエットはうまくいきません。
　これは、頂上がどこにあるか把握しないで登山するのと同じことです。頂上というゴールがはっきりしていてこそ、そこを目指すことができます。
　それでは、目標を立てるときの大切な方法を3つご紹介します。

①現在の自分を客観視する

　まず自分の写真を撮り、体重、体脂肪率、気になる体の場所のサイズ（ウエスト、お尻、太ももなど）を測ってください。写真はセルフタイマー機能を使って、リラックスした状態で撮影します。
　鏡に映る自分を撮影するのは避けましょう。鏡の前だとお腹をへこましたり、表情を決めてしまったりして、どうしても"いい自分"をつくってしまいがちになり、正しい評価ができません。

②自分がどのようになりたいかを書き出す

「脚を細くしてスキニージーンズをはく」「お腹を引っ込めたい」など、なりたい体型や、「健康になる」「健康診断で引っかからないようになる」など、何でもいいのです。

　恥ずかしがらずに、「自分がどうなりたいか」という心の声に素直になって書いてください。

③ノートにまとめる

　ノートを開き、左のページには①で撮影した自分の写真を貼り、体のデータを記入してください。

　右のページには②で書き出した「なりたい目標」を書き、「こんなふうになりたい」とイメージできる人の写真を切り抜いて、一緒にノートに貼ってください。

　この３つを実践すると、次の２つのメリットがあります。
・**現在の自分を正確に客観視できる**
・**どうなりたいかが明確になる**

　人は文字だけの目標より、写真などでビジュアル化したほうが脳に残りイメージしやすくなり、目標の達成率が格段に上がります。

行動する

　次は、目標を達成するために「行動」に移します。

　「何だ。そんな当たり前のことか」と思うかもしれませんが、この当たり前のことがとても大切です。せっかく目標を決めたのに、ただ思っているだけでは体型は変わってくれませんからね。

　今までの生活を見直して、具体的な行動をすることではじめて、体は変わります。

　同じことは恋愛でも言えますよね。

　例えば、彼女がほしいＡ君とＢ君がいるとします。

　Ａ君は彼女がほしいのに勇気がなく、好きな女の子をデートに誘うとい

ダイエット目標ノート	なりたいスタイル
2017年○月×日 体重　　　70kg 体脂肪率　38% ウエスト　98cm ヒップ　　105cm	2017年○月×日までに達成 **目標** 体重　　　58kg 体脂肪率　24% ウエスト　70cm ヒップ　　85cm ●お腹を引っ込める！ ●スキニージーンズをはく！

う行動ができません。

　B君は彼女がほしいので、好きな女の子をデートに誘うという行動に出ました。

　A君とB君では、どちらに彼女ができる確率が高いでしょうか？

　答えはB君ですよね。

　女の子から告白してもらえるというラッキーがない限り、行動に移さないA君に、彼女ができる確率は0％です。一方で、行動に移したB君に彼女ができる確率は高くなりますよね。デートに誘って、上手くいけばおつき合いできるかもしれません。

　実はダイエットも同じなのです。

「こういうスタイルになりたい！」

「健康になる！」

と思っているだけでは、残念ながら体は変わりません。運動をして食事を見直すという行動をして、はじめて体は変わります。

継続する

　目標を決め、行動に移しました。では、すぐに体が変わってくれるかと言うと、残念ながらそうではありません。行動を継続しなければ体は変わってくれないのです。

　体脂肪を1kg減らすのに必要なカロリーは7200キロカロリーと言われ

ています。1日だけ食事に気をつけて運動をした程度では、脂肪はほとんど燃えてくれないのが実際です。
　やはり継続していくことが大切になります。

　継続することの大切さを、水が気体に変化するようすに例えてみましょう。
　やかんに水を入れます。水という液体を気体に変える（目標）にはどうしたらいいでしょうか？
　コンロに火をつけますよね（行動）。でも、ただ火をつけただけでは水はすぐには沸騰して気体に変わりません。
　大切なのは**沸騰するまで火をかけ続ける（継続）**ということです。そうすることではじめてブクブクと水が沸騰し、気体に変わります。

　ダイエットも、これと一緒です。
　脂肪が燃えるまで食事をコントロールして、運動し続けることが大切になってきます。
　そして、継続するコツは、**1日にやると決めた約束を守る**ことです。最初は守れる範囲のことからコツコツと始めてください。毎日、約束を守れるようになると、自信がついてきます。
　自信がついてきたらこっちのもの。今度は少しだけハードルを高くして、また約束を守ることを続けてみてください。
　気づくと継続している意識が薄れてきて、習慣化してきます。習慣化するころには体が変わって、嬉しい結果がついてきます。

　以上の、「目標を決める」「行動する」「継続する」ということが、ダイエットを成功させる3つのキーポイントになります。ぜひ、意識して実践してみてくださいね。

5 ダイエットに必要なのは正しい知識を身につけること

そのダイエット法は効果がある？

　世の中にはたくさんのダイエット法があります。医学的なエビデンス（根拠）に基づいたものもあれば、爆発的に流行ってもまたたく間に消えていく眉唾もののダイエット法もあります。

　たくさんあるダイエット法の流行り廃りに惑わされず、効果のあるものを選ぶには、正しい知識を身につけることが大切になります。

　この本を手に取って読んでくださっているあなたは、正しい知識を身につけようとしているので大丈夫です。しかし、世の中で流行っているダイエット法をきちんと調べずに、
　「テレビや雑誌でいいって言っていたから」
　「周りの友だちがやっているから」
という理由だけで始めてしまうと、逆効果になってしまうことがあります。

「ココナッツオイル」はダイエットにも美容にも効く！？

　例えば、最近流行っている、ダイエットによく、美容にもいいと言われているものに「ココナッツオイル」があります。これは本当に効果があるのでしょうか？

　答えを先に言うと、効果はあります。むしろ高い効果が期待できます。ただし、ある条件がそろったときのみです。

　どんな条件が必要かと言うと、3大栄養素の糖質（炭水化物）、タンパク質、脂質のうち、糖質の量を1日に50g以下に抑えた食生活をしているときのみです。

50g以下というのは、ざっくり言うと糖質が豊富なお菓子やご飯、パン、麺などの主食を食べずに、肉や魚といったタンパク質や野菜などのおかずを中心にする食生活をしている場合です。

　白米、パン、麺類などの糖質が主食の食生活をしているときは、体は主にブドウ糖（糖質）をエネルギーにして代謝を行なっています。
　それが糖質の量を1日50g以下に抑えた食生活を続けると、糖質エネルギー代謝から、脂質をエネルギーに変える脂質エネルギー代謝に代謝構造が切り替わります（くわしくは3章で説明します）。
　例えるならば、ガソリン（糖質）をエネルギーにして走っていたハイブリッド車が、電気（脂質）エネルギーに切り替えて走るようなイメージです。
　糖質を50g以下に抑えた食生活を送ると、脂質をエネルギーにする代謝になるので、脂肪がどんどん燃えてくれます。このときに、中鎖脂肪酸（ちゅうさしぼうさん）という成分が多く含まれるココナッツオイルを摂ると、脂肪をさらに燃やすように促してくれるので、ダイエット効果が加速するのです。
　糖質を多く含む主食をしっかり食べる食生活を送っているときは、体は糖質エネルギー代謝になっているので、ココナッツオイルを摂っても脂肪を燃やすことを促してはくれません。

　また、糖質とタンパク質は1gで4キロカロリーです。ココナッツオイルの成分である脂質は1gで9キロカロリーで、糖質やタンパク質と比べると倍以上のカロリーがあります。
　ということは、糖質エネルギー代謝になっているときにココナッツオイルを摂ると、余分なカロリーを摂ることになるので、むしろ反対に太ってしまうのです。

レシピどおりに料理をつくろう

　このように、せっかく効果があるものでも、断片的な知識だけで取り組んでしまうと逆効果になるのです。言い換えるなら、ダイエットは料理と一緒です。

1章 ● 人は、なぜダイエットに失敗してしまうのか？

ダイエットレシピ

- 手順その1　正しい知識を身につける
- 手順その2　フードチョイス
- 手順その3　筋肉トレーニング
- 手順その4　継続
- 手順その5　習慣にする
- 手順その6　楽しむ

ダイエットは正しい知識を身につけレシピどおりに行なうだけで成功しますよ

ダイエットは料理と同じ！

　料理の経験が少ない人が断片的な知識だけで何となく料理をすると、決まって失敗しますよね。

　しかし、料理の知識があまりない人でも、インターネットや料理本を見てレシピどおりにつくれば、美味しい料理ができます。

　つまり、ダイエットも正しい知識を身につけて、「レシピ」どおりに行動するだけで効果が出るのです。

　「流行っているダイエット法だから」という理由だけで、すぐに飛びつかないでください。

　まずはどんなダイエット法でも、「どうして効果があるのだろう」と疑問を持ち、調べて納得してから行動に移すようにしてください。そのクセがつくと、ダイエットは飛躍的に成功確率が高くなります。

6 リバウンドしてきた人ほど ダイエットに成功する理由

リバウンドした人は一度は結果を出した人

　B3ダイエットのクライアントのカウンセリングをしていると、90％以上の人が過去にダイエットをして、リバウンドを経験しています。そして、リバウンドしてしまったことで自信を失い、自分を意志が弱い人間だと決めつけています。

　私もそうでした。同じような経験が、あなたにもあるかもしれません。そんなあなたにお伝えしたいことがあります。それは、「リバウンドしてきた人ほど、ダイエットに成功する」ということです。

　「えっ？　リバウンドした人は、ダイエットに失敗しているのでは？」と思うかもしれませんが、実はそうではありません。

　リバウンドした経験のある人は、いろいろなダイエットを実践して、一度は「やせる」という結果を出しています。それはつまり、**「やせるまで頑張れる」という証拠**でもあります。

　そして、リバウンドしてしまったのは意志が弱かったからではなく、リバウンドしない**正しいダイエット方法を知らなかった**だけなのです。

　「リバウンドしてきた人ほど、頑張り屋さんです。大丈夫、正しいことをすれば必ず体は変わります」

　この言葉は、私自身がダイエットをしてはリバウンドを繰り返し、113kgになってしまったときに、B3ダイエットグループ代表の徳山先生に言っていただいた言葉です。

　私は、この言葉で自分を肯定してもらえたことで気持ちが楽になり、ダイエットに前向きに取り組むことができました。そのおかげで40kgのダ

イエットに成功しました。

　あなたがリバウンドを繰り返していても、決して「意志が弱い」「自信が持てない」などと思わないでください。リバウンドしてきた人ほど頑張れる能力があるのです。

　むしろ自信を持ってください。

リバウンドへの道

　ただ、リバウンドしやすい人には特徴があります。それを知って気をつけることで、ダイエットが成功し、リバウンドしない確率を高めることができます。

　その特徴とは、**真面目で完璧主義**ということです。

　そのような人は、ダイエットを始めて結果が出ている間は、「カロリー計算」「内容を考えて食べる」「運動する」といったことをきっちり実行するので、結果が順調に出ます。

　ただ、順調なときはいいのですが、どうしても仕事が忙しくなったり、プライベートな用事で食事や運動のリズムが狂ったりすると、イライラしてストレスを溜め込んでしまいます。

　そのストレスがきっかけとなり、リバウンドが始まります。時系列にすると次のような感じになります。

■リバウンドに至る流れ

忙しくなり、食事や運動のリズムが狂って、
思うようにできない日が出てくる

↓

食事を我慢していることが積み重なり、
あるラインを越えたときに嫌気がさしてドカ食いをしてしまう

↓

「ドカ食いをしてしまった自分は意志が弱い」
と責めてしまい、落ち込む

↓

一度ドカ食いしただけなのに、「自分なんてもうどうでもいいや！この際、1kg増えようが、2kg増えようが関係ない」と思い、開き直る
↓
さらに「我慢は体によくない」と都合のいい解釈をする
↓
食べたいものを食べ続ける
↓
連日、ドカ食いをしてしまう
↓
リバウンドする

　このような人が驚くほど多いのです。
　なので、「仕事やプライベートの都合で少し食べすぎてしまう日もある。それで体重が増えることもある」と、はじめから想定しておいてください。
　そのくらいの感覚でダイエットに取り組むのが、ちょうどいいのです。

リバウンドしない習慣

あまり真面目に完璧主義にならないでください。

大切なのはドカ食いをしてしまったら、そのドカ食いを２日連続では続けず、ドカ食いの翌日はキッチリ淡々とリカバーすることです。

ドカ食いしてしまう自分を、「意志が弱いんだ」なんて思わなくていいのです。

ポイントは、自分がどうなりたいのか、どうありたいのかを心に持ち続けて、運動と食事のコントロールをすることです。

そのために必要なことは、次の２つです。
①**効果的で健康にいい正しいダイエット法を知ること**
②**それを継続するための取り組み方**

この２つを知れば、ダイエット成功後には、自然とリバウンドしない習慣を手に入れることができます。

「今までダイエットに失敗してリバウンドしてきた」

そんなあなたのような頑張り屋さんこそ、リバウンドしない習慣を手に入れることができる資格がある、と私は本気で思っています。

7 リバウンドの原因は筋肉がやせるダイエットだった

ダイエットとは「健康的な体型になる」こと

　ダイエットしても、リバウンドしてしまう原因はたくさんあります。その中でも一番の原因は、筋肉が減るダイエットです。

　つまり、体重を落とすことに固執しすぎることで、筋肉まで落としてしまうと、決まってリバウンドします。

　ダイエットの本来の意味を調べると、実は体重を落とすという意味ではありません。本来は「健康的な体型になる」という意味です。「健康的な体型」をもう少し具体的に言うと、**「筋肉を残して体脂肪だけが減った体型」**ということです。

　それを目指すことがダイエットの本来の意味です（厳密に言うと、体重が減れば筋肉も少し減りますが、脂肪をたくさん減らすことがポイントです）。

　では筋肉が減ってしまうダイエットとは、どんなものでしょうか？　これは先ほどの復習になりますが、「食べないダイエット」や「単品だけ食べるダイエット」のことです。

　急激に摂取カロリーを減らしたり、偏った栄養バランスにしたりすると、確かに体重は落ちます。ただし、本来落ちてほしい脂肪よりも筋肉が先に落ちてしまうので、やつれた病人みたいなやせ方になってしまいます。

　それだけでなく、基礎代謝が落ちるので太りやすい体質になり、その結果、リバウンドすることにもなります。

「朝はパン、お昼はラーメン、夜はカレーライス」

　この他にも3大栄養素の糖質、タンパク質、脂質の栄養バランスが、糖

質や脂質がメインで、タンパク質が少ない食事をしていると、筋肉が減りやすくなってしまいます。

　例えば、朝はパン、お昼はラーメン、夜はカレーライスというような食事をしている人は注意が必要です。

　こうした食事の栄養バランスは、ほとんどが糖質と脂質になっていて、肉、魚、卵といった体や筋肉の材料であるタンパク質をほとんど摂取できていません。そうすると筋肉が減りやすくなり、代謝が落ちていきます。

　それでは、筋肉を減らさずにダイエットできると、なぜリバウンドしにくくなるのでしょうか？

　それは筋肉が、代謝のほとんどを占める基礎代謝の2割も占めているからです。筋肉が減らなければ、代謝が高い状態をキープできるので太りにくくなるのです。

　では、筋肉を減らさないようにするには、どうしたらいいのでしょうか？

筋肉を減らさない方法

　食事の栄養バランスを考えて、**食品を選んで食べるフードチョイスをすること**と、**筋トレをすること**です。この2つができればダイエット効果はもちろんのこと、リバウンド予防にもなります。

　フードチョイスでは、タンパク質である肉、魚、卵などを毎食メインディッシュとして食べる。糖質の多い主食（ご飯、パン、麺など）の量を少なくする。揚げ物、カレー、シチューなどの代謝の落ちやすい種類の脂質の量を少なくし、ナッツ類（クルミ、アーモンドなど）、えごま油（しそ油）などの体にいい脂質を摂る、といった食事にします。

　このような筋肉がつきやすいフードチョイスをして食事をすると、自然と代謝が上がります。

　また、筋肉トレーニングをすると基礎代謝が上がるので、普段からの消費エネルギーがさらに増えて、ダイエット効果が高まるだけでなく、太りにくい体質になります。

　ただ残念ながら、筋肉トレーニングはすぐには見た目にわかるような変化が出ません。少なくても2〜3ヵ月はかかります。

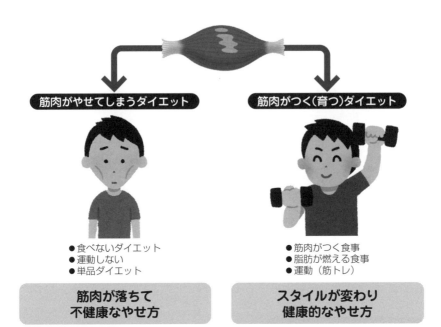

　しかし、見た目の変化はなくても、脂肪の奥にある筋肉は着実に鍛えられているので、諦めずに続けることが大切です。続けることで脂肪が減るにつれて、カッコいい体のラインに変わってきます。
　しばらくは神様が、本気で変わりたいかを見極めている期間だと思って、あせらずに地道に続けてください。

　ここまででリバウンドの最大の原因は、**「バランスの悪い食事と運動不足が原因で筋肉が落ち、代謝が下がることだ」**と理解できたと思います。
　そのリバウンド対策として、「筋肉が育ち脂肪が燃えやすい食品を選んで食べるフードチョイス」と「基礎代謝を上げるための筋肉トレーニング」の２つをご紹介しました。この２つを実践することで、リバウンドしない体になり、ダイエットで悩むことから解放されます。

COLUMN 1

筋トレ前の「動的ストレッチ」のやり方

　筋トレをする前にストレッチをすると、筋肉の柔軟性が増すと同時に、体が温まります。そのことで筋トレのパフォーマンスがよくなり、ケガの予防にもなるので、筋トレ前には必ずやるようにしてください。

　ストレッチと言うと、ジワーッと筋肉を伸ばすイメージがあると思いますが、筋トレ前はあえて反動をつけて行なう「動的ストレッチ」がお勧めです。

　ジワーッと伸ばすスタンダードなストレッチ（静的ストレッチと言います。コラム2で紹介します）は、運動後にしてください。

[やり方]

●肩甲骨の動的ストレッチ
1. 肩甲骨を外側へ動かします。①と②の動作を5回繰り返します。

① 手の平を重ねて胸の前まで両腕を上げる

② ①の位置から両腕をさらに前に出すように動かす

COLUMN 1

2. 肩甲骨を内側へ動かします。①と②の動作を5回繰り返します。

① 手の平を上に向けて両腕を広げる

② 両ヒジをわき腹の後ろのほうに近づける

3. 肩甲骨を上下に動かします。①と②、③と④の動作を5回繰り返します。

① 両手首を反らせ、右腕を上げて左腕は体に沿わす

② ①の位置から右腕を天井方向に伸ばし、左腕は床方向に伸ばす

③ 両手首を反らせ、今度は左腕を上げて右腕は体に沿わす

④ ③の位置から左腕を天井方向に伸ばし、右腕は床方向に伸ばす

● 股関節の動的ストレッチ
　股関節を回します（外側へ5回、内側へ5回）。左右の脚で行なってください。

① 右脚を上げる

② 股関節を外側へ動かし、右脚を直立の位置までもどす

③ ①の体勢にしてから股関節を内側へ動かし右脚を直立の位置までもどす

● 太ももの前の動的ストレッチ
　太ももを後ろに蹴り上げます。②と③の動きを連続で10回行なってください。

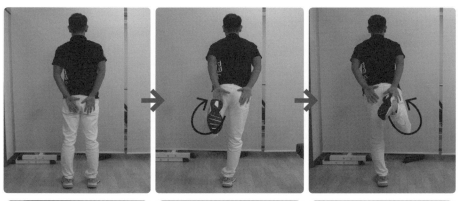

① お尻の後ろに両手の甲をつける

② 勢いをつけて左足のかかとが左手の手の平に当たるように蹴り上げる

③ 勢いをつけて右足のかかとが右手の手の平に当たるように蹴り上げる

COLUMN 1

●太ももの後ろの動的ストレッチ
　脚を前に蹴り上げます。②と③の動きを連続で10回行なってください。

① 足踏みを軽く行ない、脚を勢いよく上げる準備をする

② 右手を前に出し、左脚を勢いよく前に蹴り上げる。左足のつま先で右手の手の平に触ることができればGOOD

③ 左手を前に出し、右脚を勢いよく前に蹴り上げる。右足のつま先で左手の手の平に触ることができればGOOD

2章

効率よくダイエットをするなら
3つの大きい筋肉(BIG3)を鍛えよう

1 3つの大きい筋肉トレーニングでダイエットが進む理由とは？

3つの大きい筋肉とは？

　ダイエット効果を高めるためには、筋肉トレーニングをすることが大変有効です。中でも３つの大きい筋肉を狙ってトレーニングすると、ダイエットがより進みます。

　その３つの大きい筋肉とは、
①脚の筋肉（太もものの前：**大腿四頭筋**　太ももの後ろ：**ハムストリング筋群**、**臀筋群**）
②背中の筋肉（**広背筋**、**脊柱起立筋**）
③胸の筋肉（**大胸筋**）
です。

　これらを総称してＢＩＧ３（ビッグスリー）と言います。以降は３つの大きい筋肉のことをＢＩＧ３と表記します。

　ＢＩＧ３の本来の意味は、大きい筋肉を鍛える代表的な３つのトレーニング（スクワット・デッドリフト・ベンチプレス）のことです。本書ではそのトレーニング時に鍛えられる大きな３つの筋肉（脚、背中、胸）のことに置き換えて説明していきます。

　ちなみに「Ｂ３ダイエット」（ビースリー）の名前の由来は、ＢＩＧ３をメインにトレーニングしてダイエットを行なうことを略したことによります。

筋肉トレーニングが有効な理由

　では、なぜＢＩＧ３の筋トレをするとダイエットに有効なのか？　その理由は体のエネルギー消費が関係しています。体のエネルギー消費は次の

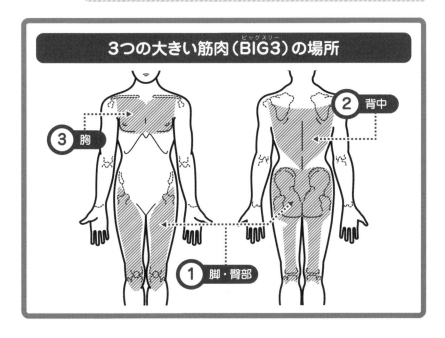

３つに分類できると考えられています。
①基礎代謝：６割
②日常の活動（運動など）：２～３割
③食事による消費（主に消化するためのエネルギー）：１～２割

　①の基礎代謝とは、人間が生きていく上で必要なエネルギーのことです。簡単に言うと、何もしていなくても消費するカロリーです。
　この数字を見てもわかるように、②の日常の活動（運動など）による消費は意外に少ないのです。普段運動をする習慣がなく、さらに仕事がデスクワークの人は、このエネルギー消費はもっと少なくなってしまいます。
　ということは、体のエネルギー消費の６割を占める**基礎代謝を上げること**が、**ダイエットのポイント**になります。では、基礎代謝を上げるにはどうしたらいいのでしょうか？
　それは筋肉トレーニングをすることです。なぜならば、基礎代謝のうち約２割は筋肉で発生しているからです。筋トレをして筋肉量が増えれば自

然と基礎代謝は上がり、エネルギー消費量が増えます。

　筋肉量が増えるほど消費カロリーも増えるので、ダイエットが進みます。

　その状態にもっていくために、とりわけBIG3をトレーニングすることが効率がいいのです。

とりわけBIG3が効果的な理由

　その理由は3つあります。

　1つ目は、単純に小さい筋肉をトレーニングするより、大きい筋肉をトレーニングしたほうが、筋肉量が増えるからです。その結果、基礎代謝が効率よく高くなり、消費カロリーが増えます。

　2つ目は、トレーニングしているときの消費カロリーが多くなるからです。

　小さい筋肉を動かすより、大きい筋肉を動かすほうが体はエネルギーが必要です。

　例えば、ダンベルを持ってヒジを曲げたり伸ばしたりするアームカールという筋トレ種目があります。筋トレと言うと、これを思い浮かべる人も多いのではないでしょうか？

　この筋トレでは腕の上腕二頭筋(じょうわんにとうきん)（力こぶ）が鍛えられます。しかし、腕の筋肉は体全体から見ると小さい筋肉なので、頑張って筋トレしても、BIG3に比べると消費カロリーは少なくなります。

　もちろんダイエット効果がないわけではありませんが、同じ筋トレをするならBIG3を鍛えたほうが効果的です。

　3つ目は、トレーニング後はEPOC(エポック)（運動後過剰酸素消費量）が上がるからです。

　EPOCとは、運動する前（安静時）より運動した後のほうが、エネルギー消費量が増えるというものです。このおかげでトレーニング後は、日常生活を普段と同じように送るだけでも消費カロリーが増えるのです。

ＢＩＧ３を筋トレすれば全身に効く

またＢＩＧ３を筋トレすると、ダイエット効果だけでなく、**小さい筋肉も一緒に鍛えられる**という嬉しい副作用もあります。

その理由は、大きい筋肉のトレーニングをすると、補助として働く小さい筋肉も一緒に使われるからです。

例えば、大胸筋のトレーニングをすると、上腕三頭筋（二の腕）にも効きます。広背筋のトレーニングをすると、上腕二頭筋にも効きます。

脚の後ろのハムストリング筋群を鍛えると、お尻にも効きますし、前の大腿四頭筋を鍛えると、腹筋（ふっきん）にも効くといった具合です。

このように、ＢＩＧ３の筋トレはダイエット効果だけでなく、全身のいろいろな筋肉に効くというメリットもあるのです。

（ですが、ボディーメイクにこだわるなら、腕、肩などの筋肉を別にトレーニングすることが必要になります）

まとめると、ＢＩＧ３を筋トレすることで、ダイエットに嬉しい次のような効果があります。

①筋肉量が増えるので、エネルギー消費量の６割を占める基礎代謝が上がる

②トレーニング中のエネルギー消費量が多くなる

③トレーニング後も代謝が高い状態が続くので、日常生活でもエネルギー消費量が普段より多くなる

ですからＢＩＧ３筋肉トレーニングをすると、ダイエットが飛躍的に進むのです。

2 BIG3の筋肉トレーニングで得られるメリット

　BIG3をトレーニングすることは、ダイエットに効果的なだけでなく、他にもメリットがあります。ここではそのメリットを「健康」「見た目」「マインド」の3つに分けて説明していきましょう。

[健康]

①内臓、血管の働きがよくなる

　体重過多、脂肪過多の人は、生活習慣病と言われる糖尿病になりやすくなるだけでなく、肝機能、腎機能が低下し、病気のリスクが高まります。
　また血管にも負担がかかり、動脈硬化になることで心筋梗塞、脳梗塞といった疾患のリスクも高くなります。
　ところが、BIG3の筋トレをすることで基礎代謝が上がると、皮下脂肪や内臓脂肪が減ってきます。すると糖尿病のリスクが下がるだけでなく、肝機能、腎機能が回復します。血管の負担も減り、弾力性がもどるので、動脈硬化も改善します。
　最近の研究では、筋肉が多い人のほうが少ない人よりも、病気による死亡率（重大疾病の場合）が半分になることがわかっています（NHK『ためしてガッテン』調べ）。

②体力がアップする

　筋肉が強くなるので、体力がアップして疲れにくくなります。また疲れたとしても、疲労回復が早まります。
　BIG3の1つである脚の筋肉は「第2の心臓」と言われるほど血液循環を助けています。なので、脚の筋肉が弱いと血流が悪化します。その結

果、老廃物が処理しにくくなり、疲れやすくなります。

　反対に脚の筋肉が強いと血液循環がよくなります。その結果、老廃物の処理が早まるだけでなく、体にとって大切な栄養素と酸素が全身に運搬されやすくなるので、疲労回復も早まります。

　最近、疲れが抜けにくいと感じている人は、筋力不足に原因があるのかもしれません。

③ひざや腰などの痛みが出にくくなる

　整体師の経験から言うと、ひざや腰の痛みの原因は体重過多、脂肪過多、筋力不足の場合がほとんどです。ＢＩＧ３の筋トレをすることで、ダイエットが進み、筋力が強くなることで、ひざや腰の負担が減り、痛みが出にくくなります。

　ちなみに女優の草笛光子さんは、「1に筋肉、2に筋肉、3、4がなくて、5に筋肉」とおっしゃるほど、毎日の筋肉トレーニングを欠かさないそうです。

　以前、筋肉トレーニングができない日が続いたときに、体に痛みが出て苦しんだことがあり、病院に行ってもよくならずふさぎ込んでいたときに、あえて筋肉トレーニングを行なったところ、完治したそうです。

　そうした経験から筋肉トレーニングの大切さに気づき、そのおかげで80歳を超えた今でも寝たきりになるどころか、舞台で華麗に踊っていらっしゃいます。

［見た目］

スタイルや姿勢がよくなる

　「魅力的なスタイルと姿勢をつくっているのは骨格」と思いがちですが、実はそうではありません。主にＢＩＧ３の筋肉がつくり出しているのです。

　これらの筋肉が弱くなってしまうと代謝が落ち、太りやすい体になるばかりか、バストは下がり、猫背になり、ヒップは垂れ、下半身だけが太りやすくなってしまいます。そしてポッコリお腹、メタボリック症候群にもなりやすくなります。

さらに、実は体のゆがみも筋肉がつくり出していることが大半です。
　基本的に筋肉は１つの骨から違う骨についています。そして筋肉が縮むことで骨を動かします（その動く部分を関節と言います）。
　つまり骨だけでは体は動かないので、ゆがみようがないのです。
　ゆがみは、日頃の生活習慣や体の使い方の癖、筋肉のアンバランスから出てきます。整体は、そのアンバランスを調整してゆがみを整えます。しかし、残念ながら生活習慣や体の使い方を変えない限り、またゆがんでしまいます。
　そこで大切になってくるのが、ＢＩＧ３の筋トレです。ＢＩＧ３の筋トレをすることで、姿勢を維持する筋力がアップします。その結果、意識していい姿勢を心がけなくても、自然といい姿勢になります。
　また、体も引き締まってくるので、スタイルのいい洗練されたラインに変わってきます。その体は、誰が見ても「あの人、何だかカッコいい！キレイ！」と、一目置かれるようになるのです。

　このように筋肉トレーニングをして姿勢やスタイルが変わると、人に与える印象もガラッと変えることができます。
　俳優の堤真一さんが、あるテレビ番組で姿勢について興味深いことをおっしゃっていました。
　堤さんが役づくりで大切にしているのが、「姿勢」だそうです。姿勢を役柄に合わせて変えることで、役に入り込むのだそうです。
　二枚目の役のときは背筋を伸ばして立ち、暗い人物のときは猫背にして首を前に出すといった感じだそうです。
　一流の俳優さんが姿勢にこだわるのは、それだけ姿勢が人に与える印象は大きいということなのでしょう。

［マインド］
●①自信がつく
　筋肉のトレーニングは、日々の積み重ねです。そしてＢＩＧ３の筋トレをすると、より早くその努力の結果が体に現われ、見た目が変わります。

この変化は小さな成功体験です。この小さな成功体験を積み重ねることで、自分が前より成長している、変化していることを実感できるようになります。すると自然と自信がついてきます。

②前向きになる

　筋トレをすると、気分が前向きになります。これは科学的にも証明されており、様々な脳内物質が分泌されることがわかっています。
　運動開始後、すぐに気分がハイになるβ（ベータ）エンドルフィンが分泌され、しばらくすると高揚感や達成感がわいてくるドーパミンが分泌されます。最後に心を落ち着かせ、癒し、平常心をもたらすセロトニンが分泌されます。
　これらの脳内物質には心の健康を保ったり、気分を前向きにしたりする効果があります。
　（筋肉トレーニングだけでなく、散歩、ウォーキング、ジョギング、水泳でもこれらの効果があることがわかっています）

　以上のように、ＢＩＧ３の筋トレをするメリットは、あげるとキリがないくらい、たくさんあります。筋肉トレーニングをしないということは、実にもったいないことなのです。
　例えるなら、「この問題集をやるだけで東大に合格できる」という問題集があるのに、やらないようなものです。

3 どんな筋肉トレーニングがいいの？

筋トレには2種類ある

　筋トレをすることでダイエットが進みやすくなり、そのほかにも様々なメリットがあることは理解できたと思います。
　次は、どんな筋トレをするのがいいか、説明していきましょう。
　筋トレには大きく分けて、**「ウェイトトレーニング」** と **「自重トレーニング」** があります。
　ウェイトトレーニングとは、ダンベル、バーベル、マシンなどのウェイト（重り）を使って行なうトレーニングのことです（[例] ベンチプレス、バーベルスクワット、デッドリフト　など）。
　自重トレーニングは、自分の体重を利用して行なうトレーニングのことです（[例] 腕立て伏せ、何も持たないスクワット、腹筋　など）。

　この2種類の筋トレは、どちらもダイエットに効果的ですが、より効果があるのはウェイトトレーニングです。
　理由は、ウェイトトレーニングは自分の体重以上に負荷をかけることができるので、筋肉の発達を効果的に促してくれるからです。
　ただし、デメリットもあります。それは初心者にはむずかしいということです。「フォーム」「回数」「スピードコントロール」など、筋肉の作用の知識がないのに行なうと、ケガのリスクが高くなります。

　例えるならウェイトトレーニングは、クルマの運転と似ています。クルマには目的地まで早く移動できるメリットはありますが、運転をしたことのない人が運転するとどうなるでしょうか？

安全で的確な運転操作方法がわからないので、事故を起こしてしまうリスクが高いですよね。だから、教習所に通って運転のしかたを習い、免許を取得する必要があります。

ウェイトトレーニングも一緒です。ダイエットやボディーメイクの効果が高く、早く目標達成できるメリットはありますが、ウェイトトレーニングをしたことがない人がいきなりやると、正しいやり方でできないのでケガをしてしまうリスクが高くなります。

そのような理由から、初心者の人がウェイトトレーニングを始めるときは、パーソナルトレーナーに指導してもらうことをお勧めしています。

ちなみに、私のＢ３ダイエットのクライアントの方にやっていただいているのも、ウェイトトレーニングです。

自重トレーニングのメリット

では、自重トレーニングは効果があまりないのか、というとそうではありません。

この本は筋トレ初心者の人、運動不足の人に向けて書いています。そういう人には自重トレーニングでも十分効果的です。

自重トレーニングのメリットとしては、
・自分の体重以上の負荷をかけることができない分、ケガをしにくい
・初心者の人でもポイントを押さえればすぐに実践できる
ということがあげられます。

例えるなら、自重トレーニングは自転車の運転です。

子供のころに自転車の乗り方を練習した人が多いと思います。そのとき、お父さんに教えてもらって乗れるようになった人も多いでしょう。自転車のプロに乗り方を教わった人はあまりいないと思います。

自重トレーニングは、はじめこそ慣れないかもしれませんが、この本があなたにコツをお伝えします。自転車に乗れるようになったのと同じように、十分にトレーニングできるようになるので安心してください。

自重トレーニングの限界

　ただ、自重トレーニングにもデメリットがあります。それはあなたがレベルアップして筋肉がついてきたときには、自重トレーニングではもの足りなくなってしまうことです。

　ウェイトトレーニングは、レベルアップに合わせてウェイト（重り）を増やしていけば負荷を増やせるのですが、自重トレーニングでは自分の体重以上の負荷がかけられません。

　回数やスピード、フォームを工夫することで、多少負荷は上げられますが、限界があります。

　ただ、そこまでのレベルに到達したときには、ダイエットに成功し、体型も変わり、自信もつき、もっとボディーメイクをしたいという気持ちになっていると思います。

　そんなときは、パーソナルトレーナーに依頼してウェイトトレーニングの扉を開けてみてください。

　以上のことをまとめると、筋肉トレーニングは、ウェイトトレーニングも自重トレーニングも、どちらも効果的ということになります。

　ですから、先ほども書きましたが、筋トレ初心者、運動不足の人はケガのリスクの少ない自重トレーニングから始めることをお勧めします。具体的なやり方は後述しますので、ぜひ取り組んでみてください。

　また、ウェイトトレーニングをやりたい場合は、必ずパーソナルトレーナーの指導を受けてください。自己流で行なうとケガのリスクが高いですからね。

ウェイトトレーニングはクルマの運転と一緒

初心者が自己流で行なうとケガ（事故）のリスクが高い
プロから学ぶことでトレーニング技術（運転技術）が身につき、安全に
早く目標のダイエット効果が出る（早く目的地まで移動できる）

自重トレーニングは自転車の運転と一緒

自重トレーニングノウハウ教本

初心者でもプロに習うことなく、自重トレーニングノウハウ本（父親）
から学んで、自分でトレーニング技術（運転技術）を身につけ、安全に
目標のダイエット効果が出る（目的地まで移動できる）

4 ウォーキングだけではやせにくく、リバウンドしやすい理由とは？

ウォーキングの効果とは？

　ダイエットしたいと言う人に、「ダイエットするために何をするといいと思いますか？」と質問すると、決まって返ってくる言葉が「ウォーキングをする」というものです。
　では、ウォーキングはダイエットに効果があるのでしょうか？
　私が考える答えは、
「**効果はあるが、効率的ではない。そしてウォーキングだけではリバウンドしやすくなる**」
というものです。
　「えっ、そうなの？　ダイエットと言えばウォーキングじゃないの？」と考える人も多いと思いますが、実はそうではありません。

　ウォーキング、ジョギング、エアロバイクなどは、**有酸素運動**と言われる運動です（筋トレは無酸素運動に近いと言われています）。
　有酸素運動をすると、全身に酸素が運ばれることにより脂肪燃焼効果が高まるので、ダイエット効果はあります。
　ただ、ウォーキングで脂肪を燃焼させようとすることは、効率的ではありません。
　その理由は大きく分けて2つあります。

①消費カロリーが少ない

　体脂肪を1kg燃やすのに必要なカロリーは、7200キロカロリーです。体重60kgの人が30分ウォーキングして消費するカロリーは約100キロ

カロリーです（およそ、クロワッサン1/2個のカロリー）。
　ということは、体質や個人差はありますが、毎日30分、2ヵ月間以上ウォーキングして、ようやく体脂肪が1kg燃えるのです。
　気が遠くなりますよね。このようにウォーキングは、期待しているよりカロリー消費量が少ないのです。
　また、毎日ウォーキングしていると体が慣れてしまい、同じ30分歩いても消費カロリーが少なくなっていきます。すると、以前と同じだけの消費カロリーにするためには、時間と距離を伸ばす必要が出てきます。
　こうなると時間ばかり増えていき、忙しい現代人には効率が悪いのです。

②太りにくい体にはならない
　ウォーキングだけだと筋肉への負荷が少ないので、筋肉を増やす効果はありません。逆に長時間のウォーキングは、筋肉を分解する作用のある「コルチゾール」というストレスホルモンの分泌を増やしてしまいます。
　つまり長時間のウォーキングは筋肉を減らし、基礎代謝を下げてしまうのです。
　確かにウォーキングを毎日行なえば、カロリー消費量は増えるので、やせていくかもしれません。しかし一方で、筋肉は減り、基礎代謝が下がるので、ウォーキングをやめると簡単にリバウンドしてしまいます。
　やせるけど、太りにくい体にはならない運動と言えますね。

ウォーキングをすると体がサビる？

　また、ウォーキングをやりすぎると活性酸素が多く発生し、体内をサビさせます。
　わかりやすく言うと肌が荒れやすくなったり、シミやそばかすができやすくなったりするのです。さらに、先ほど出てきたコルチゾールには免疫を低下させる働きもあります。
　このようにウォーキングだけを行なうのは、実はデメリットが多いのです。

誤解があるといけないので言っておきますが、ウォーキングが「悪」と言っているのではありません。ウォーキングのメリットもたくさんあります。脂肪が直接燃えるし、心肺機能が向上したり、血液が全身にいきわたるので、むくみが解消したり、内臓機能も高まります。
　ただ、**ダイエットに関して言えば、デメリットが多い**ということです。

筋トレとウォーキングを組み合わせる

　では、ウォーキングをどのようにダイエットに組み込むと、効果的なのでしょうか？
　それは、**筋トレの前か後にウォーキングを行なう**ことです。筋トレ前にウォーキングをすると、ＥＰＯＣ(エポック)（運動後過剰酸素消費量）が上がります。簡単に言うと、ウォーキングの後は、カロリー消費量がしばらくの間、高い状態が続くのです。この状態で筋トレをすると、消費カロリーがさらに増えて効果的です。
　筋トレ後は成長ホルモンが分泌されるため、脂肪が分解され、燃えやす

い状態になっており、このときウォーキングをすると脂肪燃焼がさらに高まるので効果的です。

このように、筋トレとウォーキングのどちらを先にしていただいてもかまいません。組み合わせることが大切なのです。

ウォーキングの頻度と時間に関しては、週に２〜３回、１回30〜40分行なえばＯＫです。

なので、週に２回は筋トレとウォーキングを組み合わせ、そこにもう１〜２回ウォーキングだけをやるのが、ベリーグッドということになります。

この程度なら、筋トレもしているので筋肉は落ちないし、活性酸素による弊害も心配いりません。毎日１時間ウォーキングするよりもダイエット効果がはるかに高く、デメリットも少ないので、ぜひ参考にしてください。

最後に、ある研究では30分連続のウォーキングと、10分のウォーキングを３回に分けて行なったときの脂肪を燃やす効果は、それほど差がなかったという報告があります。

例えば、あなたが通勤で往復合計20分歩いているなら、どこかでもう10分歩けば、30分連続で歩いたのと同じ効果があるということです。

これならできそうな気がしてきますよね。

5 体幹トレーニングはダイエットに効果的か？

「体幹」とは何を指すのか

　最近、アスリートが「体幹トレーニング」を取り入れていることが、メディアでも取り上げられるようになりました。その影響からか、「体幹トレーニングをしてダイエットしましょう」という話もよく耳にします。

　では、体幹トレーニングは、ダイエットに効果的なのでしょうか？　私の考えは、**「効果はあるが、効率的ではない」**というものです。

　理由を説明する前に、「体幹とは何か」を明確にしておきましょう。ひと口に体幹と言っても、いろいろな定義があります。

　東京大学教授で筋肉について研究をされている石井直方先生は、**「体幹（コア）とは脊柱部分を動かす、または固定する筋肉群」**とおっしゃっています。簡単に言うと、背中とお腹の筋肉です。

　一般的に、体幹の筋肉を鍛える効果として、「内臓の位置を調節する」「腰痛予防」「体の軸の安定」「基礎代謝が上がりダイエットに効果的」などが言われています。

　はじめの３つの効果は納得できますが、ダイエット効果に関してはクエスチョンマークがつきます。

　その理由は、体幹と言われる筋肉は小さいからです。筋肉が小さいということは、筋肉量が少ないので、活動して発生する消費カロリーも少なくなります。

　よって、「体幹を筋トレしても、ダイエットに効果的と言えるほど基礎代謝を上げることは期待できない」と言えます。

　反対に、これまで何度も言っているＢＩＧ３の筋肉はどうでしょうか？

体幹とBIG3の筋肉

体幹の筋肉は軽自動車のエンジン
エンジンが小さいのでパワー（基礎代謝）も小さい
その分、ガソリン（体脂肪）の消費量が少ない
よって、ダイエット効果は低い

BIG3の筋肉はトラックのエンジン
エンジンが大きいのでパワー（基礎代謝）も大きい
その分、ガソリン（体脂肪）の消費量が多い
よって、ダイエット効果が高い

　ＢＩＧ３は名前のとおり大きい筋肉です。筋肉が大きいということは、筋肉量が多いので、活動して消費するカロリーも多いということです。つまりＢＩＧ３を筋トレすると、基礎代謝を効果的に上げてくれます。

　わかりやすく例えると、体幹の筋肉は軽自動車のエンジンです。軽自動車（体幹の筋肉）はエンジンが小さい（筋肉量が少ない）ので、パワー（基礎代謝）が小さいのです。ガソリン（体脂肪）もあまり使ってくれません。そのため、ダイエットの効果はあまり高いとは言えません。

　一方、ＢＩＧ３の筋肉はトラックのエンジンです。トラック（ＢＩＧ３の筋肉）はエンジンが大きい（筋肉量が多い）ので、パワー（基礎代謝）が大きいのです。その分、ガソリン（体脂肪）をたくさん使うので、ダイエット効果が高いのです。

体幹トレーニングは様々なトレーニングの１つ

　このように、体幹トレーニングはダイエットに効果があるとは言えますが、効率的ではありません。同じ努力をするならＢＩＧ３の筋トレをしたほうが、ダイエットには効果的です。

　実際にアスリートの場合は、ダイエット目的で体幹トレーニングを取り入れている人は少ないのです。

　体幹トレーニングをして、体幹が安定することで体の軸がブレなくなったり、腕や脚が動かしやすくなるといった、パフォーマンスの向上を目的として取り入れている場合がほとんどです。

　また、体幹トレーニングだけをしているのではなく、他にもウェイトト

レーニングをしたり、持久力をつけるトレーニングをしたり、神経伝達がよくなるトレーニングをしたりと、様々なトレーニングをしています。
　すなわちアスリートは、体幹トレーニングをメインにしているのではなく、「体幹トレーニングも取り入れている」ということです。

ＢＩＧ３の筋トレでダイエットが進む

　ＢＩＧ３の筋トレをすると、姿勢を支えながらトレーニングすることにもなるので、体幹も一緒に鍛えられるという二次的な効果もあります。

　スペインサッカーリーグのレアル・マドリードで、エースとして活躍しているクリスティアーノ・ロナウド選手も、体幹トレーニングを取り入れています。しかし、メイントレーニングはＢＩＧ３の筋肉を鍛える、ウェイトトレーニングです。
　あの屈強な体は体幹トレーニングでつくりあげたものではありません（彼が宣伝しているＥＭＳのパッドも使用しているかもしれませんが、実際はコツコツとトレーニングをしてつくりあげていると思います）。

　先ほども言いましたが、ウェイトトレーニングを自己流で行なうのはハードルが高いので、まずは後ほど紹介するトレーニング方法でＢＩＧ３の筋トレをしてください。そうすることで、効果的にダイエットが進みます。
　そして、体のパフォーマンスアップをしたい人は、体幹トレーニングも取り入れてみてください。
　ここまでの内容をまとめてみましょう。
・体幹トレーニングは体のパフォーマンスアップには効果的だが、ダイエット効果は低い
・ＢＩＧ３の筋肉トレーニングはダイエット効果が高く、体幹も一緒に鍛えられる

6 実践してみよう！筋トレのスタンダードなルール

筋肉は修復されて強くなる

　筋トレのスタンダードなルールをお伝えする前に、筋トレをすることで筋肉がどのように強くなっていくのかを簡単にご説明しておきましょう。

　筋トレをするということは、ある意味、筋肉が損傷するということです。普通の細胞なら損傷すると死んでしまうのですが、筋肉には高い修復能力があります。

　筋トレをして損傷した筋肉は、修復される際に以前の筋肉より強くなろうとする性質があります。この性質のおかげで、筋トレをすると筋肉は少しずつ強くなっていきます。

　その結果、筋肉が育ち、基礎代謝が上がるので、ダイエットに有効なのです。

　そして、筋トレ以外に筋肉を強くするために必要な要素として「栄養」と「休養」が大切です。ざっくり言うと、筋トレ後の筋肉を修復しやすくするために、筋肉の代表的な栄養源である**タンパク質を摂り、筋肉をしっかり休ませる**ことがポイントになります。

　筋肉は、「筋トレ」「栄養」「休養」の３つの要素がそろってはじめて強くなっていくのです。

筋トレのルール

　筋トレと言うと、毎日やらなければならないと思う人もいるかもしれませんが、実はそうではありません。

　毎日、同じ筋肉を鍛えると、筋肉は強くなりにくいだけでなく、オーバーワークになり、ケガをしてしまうリスクが高まります。

ダイエットのために筋トレをしているのに、ケガをしてしまっては本末転倒です。

1つの部位を**筋トレしたら、その筋肉は2～3日間休ませる**と効果的です。

その点を踏まえて、筋トレのスタンダードなルールを説明しましょう。

筋トレのスタンダードルール

[回数]

初心者の人は1種目につき、**8～12回＝1セットを3セット**行ないます。8～12回できつくなるくらいの負荷で行なってください。

2～3ヵ月たったら、**15～20回＝1セットを3セット**行ないます。15～20回できつくなる負荷に変えて行なってください。

[休憩]

セットとセットの間は、1分半～2分ほど休憩をとってください。

[1セット目]→1分半～2分休憩→[2セット目]→1分半～2分休憩→[3セット目]

といった感じです。

[トレーニングの間隔]

同じ筋肉を週に2回筋トレするのが効果的なので、同じ筋肉の筋トレをするときは2～3日、間隔をあけてください。

2日連続同じ筋トレをしてしまうとオーバーワークになり、効果的でないばかりか、ケガをしやすくなります。

全身の筋トレを週に2回行なってもいいし、上半身と下半身に分けてもOKです。

例えば、上半身は月曜日と木曜日、下半身は火曜日と金曜日といった感じです。

ただ、筋トレ初心者は、全身の筋トレを週に2回やるほうがお勧めです。そうしたほうが疲労が抜けやすく、基礎体力もアップするからです。

トレーニングに慣れてきたら、上半身と下半身を分けて追い込んでト

レーニングすると、効果が高くなります。

筋トレを効果的にするためのポイント

[ポイント１] 反動をつけない

　反動をつけると楽にできる代わりに、筋肉への負荷が減ります。

　筋トレの目的は重いものを上げることではなく、筋肉に強い負荷をかけることですから、反動を使うと本末転倒になってしまいます。

　ですから反動をつけず１回１回を大切に、筋肉に効いているのを意識しながら行なってください。

　回数を行なう意識が強すぎて反動をつけてこなすよりは、回数は届かなかったとしても、１回１回を大切に行なったほうが効果的です。

　たまに「腹筋100回できる」と、回数を自慢している人がいますが、それはあくまで100回できるやり方でやっているにすぎません。きちんと筋肉に効かすやり方でやったら、ボディービルダーでも100回はできません。

　やったつもりのトレーニングより、効いているトレーニングを意識してください。

[ポイント２] 少しきついことが大切

　筋トレが楽にできるということは、あまり効いていないということです。少しきついことが大切で、ちょうどいい目安としては、**筋トレ後のインターバル（休憩）中に息がはずんでいるくらい**です。

　また、きついと感じてから、あと３回頑張る気持ちでやると、効果的です。

[ポイント３] 息を止めない

　筋トレ中は、力を入れるために息が止まりやすくなります。

　息を止めて筋トレを行なうと血管の負担が大きくなるので、とくにやりはじめのころは、呼吸を止めないように注意してください。

　呼吸は、力を入れるときに息を吐き、体勢をもどすときに息を吸います。

夢中になって筋トレをしていると、呼吸のことを忘れてしまい、吐くのか吸うのかわからなくなるときもあると思います。そんなときは息を止めないことだけ意識してみてください。

筋トレに慣れてきたときのレベルアップポイント

[楽になってきたら負荷を上げていく]

　筋トレを続けていると、筋肉が強くなることで、最初はきつかったトレーニングも楽にできるようになってきます。

　そのときは負荷を上げましょう。

　負荷を上げるコツは、筋トレの動作をしてから元の位置にもどる際に、今まで以上にゆっくり時間をかけてもどすことです。

　また、きつくなってもフォームを崩さないように、より意識して、ていねいに行なうようにしてください。

　これだけで、さらに効果が高まります。

7 自宅で誰でもできる BIG3の筋肉トレーニング法

　それでは、いよいよ具体的な筋トレの方法を紹介していきましょう。
　前項であげた、筋トレのルールとポイントを意識して行なってください。
　筋トレメニューは「脚の筋肉４種類」「背中の筋肉２種類」「胸の筋肉２種類」です。
　スタンダードな方法とハードな方法をご紹介します。
　はじめはスタンダードな方法で行ない、１～２ヵ月して慣れてきたり、もの足りなく感じるようになったらハードな方法に切り替えてください。

　筋トレはよく植物の育成に例えられます。
　筋肉に「種（筋トレ）」を植えて、「水（食事）」「肥料（休息）」をコツコツあげて、１ヵ月くらいたつと「効果」という名の芽が出始めます。
　２～３ヵ月くらいたつと「結果」という名の花が咲きます。
　筋トレを始めて２～３ヵ月積み重ねた人は、必ず結果を実感できるものです。
　ぜひ、あなたもトライして体の変化を楽しんでください！
　さぁ、ダイエットとボディーメイクの扉を開けて、一歩踏み出しましょう！

●お勧め筋トレグッズ
・プッシュアップバー（胸トレ）
・ダンベル（脚トレ）
・ゴムチューブ（背中トレ）

脚1 スタンダード

〈ランジスクワット〉大腿四頭筋（太ももの前）

初心者：左8〜12回、右8〜12回
慣れてきたら：左15〜20回、右15〜20回

- 両手を頭の後ろで組む
- ひざと股関節を少し曲げ、体を前傾する。このとき、お尻を突き出して背中を軽く反らす

- 片脚を前に出して、ひざと股関節を曲げながら、しゃがんでいく

- 後ろのひざが床につきそうになるくらいまでしゃがむ
- 前脚の太ももの前に体重が乗るのを感じながら、②の体勢にもどす

脚1 ハード

〈ブルガリアンスクワット〉大腿四頭筋（太ももの前）

初心者：左8〜12回、右8〜12回
慣れてきたら：左15〜20回、右15〜20回

- 両手を腰に添える
- 脚を前後に開き、後ろの足をイスに乗せる

- ひざと股関節を曲げて、前脚のひざが90度になるまでしゃがむ
- 前脚の太ももの前に体重が乗るのを感じながら、①の状態まで立ち上がる

※1種目8〜12回（or15〜20回）＝1セットを3セット行なう

2章 ● 効率よくダイエットをするなら3つの大きい筋肉(BIG3)を鍛えよう

脚2 スタンダード

〈スクワット〉大腿四頭筋(太ももの前)

初心者:8〜12回
慣れてきたら:15〜20回

- 両手を胸の前で組む
- 脚は肩幅よりやや広めに立つ
- 足先は外側へ開く

- ひざと股関節を少し曲げ、体を前傾する
- このとき、お尻を突き出して背中を軽く反らす

- 背中を軽く反る体勢を維持しながら、ひざが90度くらいになるまでしゃがむ※
- 太ももの前に体重が乗るのを感じながら、②の体勢にもどす

※ひざがつま先より前に出ないように注意

脚2 ハード

〈ペットボトルを使ったスクワット〉大腿四頭筋(太ももの前)

初心者:8〜12回
慣れてきたら:15〜20回

- 2ℓのペットボトルに水を入れて両手で持つ(2kgのダンベルでもOK)
- 脚は肩幅よりやや広めに立つ
- 足先は外側へ開く

- ひざと股関節を少し曲げ、体を前傾する
- このとき、お尻を突き出して背中を軽く反らす

- 背中を軽く反る体勢を維持しながら、ひざが90度くらいになるまでしゃがむ※
- 太ももの前に体重が乗るのを感じながら、②の体勢にもどす

※ひざがつま先より前に出ないように注意

脚3 スタンダード

〈ヒップリフト〉ハムストリング筋群、臀筋群（太ももの後ろ、お尻）
初心者：8〜12回
慣れてきたら：15〜20回

- 仰向けに寝て、両腕をやや開き床につける
- 両ひざを曲げてかかとを床につける

- 腰を、肩とひざが一直線になるまで浮かせる
- 太ももの裏、お尻に負荷を感じながら、その位置を3秒間キープする
- ゆっくり①の体勢までもどす

脚3 ハード

〈イスを使ったヒップリフト〉ハムストリング筋群、臀筋群（太ももの後ろ、お尻）
初心者：8〜12回　慣れてきたら：15〜20回

- 両足をイスに乗せる
- 仰向けに寝て、両腕をやや開き床につける
- 両ひざを曲げてかかとをイスの座面につける

- 腰を、肩とひざが一直線になるまで浮かせる※
- 太ももの裏、お尻に負荷を感じながら、その位置を3秒間キープする
- ゆっくり①の体勢までもどす

※かかとでイスを押しつけるイメージで腰を浮かせると効果的

脚4 スタンダード

〈ステップアップ〉ハムストリング筋群、臀筋群（太ももの後ろ、お尻）

初心者：左8〜12回、右8〜12回
慣れてきたら：左15〜20回、右15〜20回

- 両手を腰に添える
- 右足をイスに乗せる
- 右足のかかとに重心を置く

ココを鍛える

- 右足のかかとに重心をかけて、イスの上に上がる。このとき、反動をつけずゆっくり上がり、①の体勢にゆっくりもどる
- これを8〜12回or15〜20回繰り返したら、左足に代えて同じことをする

脚4 ハード

〈ペットボトルを使ったステップアップ〉
ハムストリング筋群、臀筋群（太ももの後ろ、お尻）

初心者：左8〜12回、右8〜12回
慣れてきたら：左15〜20回、右15〜20回

- 2ℓのペットボトルに水を入れて両手で持つ（2kgのダンベルでもOK）
- 右足をイスに乗せ、かかとに重心を置く

ココを鍛える

- 右足のかかとに重心をかけて、イスの上に上がる。このとき、反動をつけずゆっくり上がり、①の体勢にゆっくりもどる
- これを8〜12回or15〜20回繰り返したら、左足に替えて同じことをする

背中1 スタンダード

〈タオル・ラットプルダウン〉広背筋(背中)

初心者：8〜12回
慣れてきたら：15〜20回

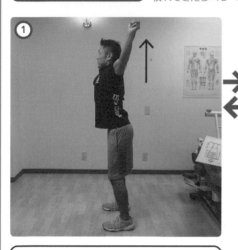

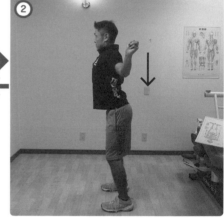

- 体を少し前傾させて、お尻を突き出して背中を軽く反らす
- 長めのタオルを両手で握って、上に上げる

- タオルを左右に引っ張りながら、ゆっくりとヒジを背中のほうにおろす
- このとき、肩甲骨を内側(かつ下のほう)に寄せる意識でヒジを下げていく

後ろから見るとこんな感じ

ココを鍛える

背中1 ハード

〈チューブ・ラットプルダウン〉広背筋（背中）

初心者：8〜12回
慣れてきたら：15〜20回

- ドアにチューブを引っ掛け、イスに座る
- チューブを両手で持ち、背中を軽く反らす

ココを鍛える

- 肩甲骨を内側（かつ下のほう）に寄せる意識で、ヒジを背中のほうに下げてチューブを引っ張る

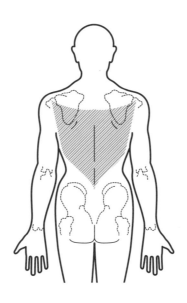

背中2 スタンダード

〈タオル・ロウイング〉広背筋（背中）
初心者：8〜12回
慣れてきたら：15〜20回

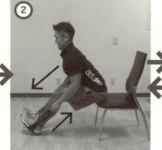
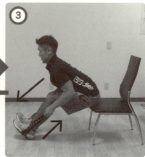

①
- イスに浅く座る
- 体を少し前傾させて長めのタオルを足裏に掛けて、両手で握る

②
- 背筋をできるだけ伸ばしながら、肩甲骨を内側へ寄せる意識でヒジを引く
- タオルは伸びないので、このとき、体勢を①より前傾させていく

③
- ②の体勢よりさらに肩甲骨を内側へ寄せる意識でヒジを引く
- さらに体を前傾させていく

背中2 ハード

〈チューブ・ロウイング〉広背筋（背中）
初心者：8〜12回
慣れてきたら：15〜20回

①
- ひざをやや曲げて座る
- 体を少し前傾させてチューブを足裏に掛けて、両手で握る

②
- 肩甲骨を内側へ寄せる意識を持ちながら、ヒジを引いていく
- 最後は胸を張って、背中よりヒジを後ろに引く

胸1 スタンダード

〈プッシュアップ〉大胸筋(胸)ひざをついたバージョン

初心者：8〜12回
慣れてきたら：15〜20回

- ひざをついて90度に曲げる
- 厚めの雑誌（電話帳など）のヘリに手を置く。手の幅は肩幅より手の平2〜3個分外側にする
- 肩甲骨をできる範囲で内側に寄せる

- 胸と腹とひざが一直線になるようにヒジを深く曲げていき、床に近づける
- ①の体勢にもどる

胸1 ハード

〈プッシュアップ〉大胸筋(胸)ひざを伸ばしたバージョン

初心者：8〜12回
慣れてきたら：15〜20回

- ひざを伸ばして、胸・腹・ひざを一直線にする
- プッシュアップバー、もしくは厚めの雑誌（電話帳など）のヘリに手を置く。手の幅は肩幅より手の平2〜3個分外側にする
- 肩甲骨をできる範囲で内側に寄せる

- 胸と腹とひざが一直線のままヒジを深く曲げていき、床に近づける
- ①の体勢にもどる

- 頭のほうから見ると、ヒジの角度は写真のようになる

胸2 スタンダード　〈チェスト・アイソメトリック〉大胸筋（胸）薄い雑誌バージョン

初心者：8〜12回
慣れてきたら：15〜20回

①

- 胸を張って肩を下げる
- 薄めの雑誌を両手で力強く挟む

②

- 両手で雑誌を力強く挟みながら、徐々に腕を上げていく

- 猫背になって肩が前に入ってしまうのはNG
- 胸を張って肩を下げて行なうこと

③
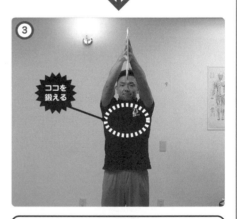

ココを鍛える

- 両手で雑誌を力強く挟みながら、さらに腕を上げていく
- そこから②→①の体勢までもどす
- この一連の流れを6秒間で行なう

2 章 ● 効率よくダイエットをするなら3つの大きい筋肉(BIG3)を鍛えよう

胸2 ハード

〈チェスト・アイソメトリック〉大胸筋(胸)厚い雑誌バージョン

初心者：8〜12回
慣れてきたら：15〜20回

①
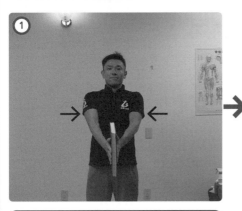

- 胸を張って肩を下げる
- 厚めの雑誌を両手で力強く挟む

②

- 両手で雑誌を力強く挟みながら、徐々に腕を上げていく

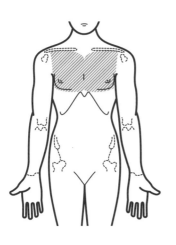

③

ココを鍛える

- 両手で雑誌を力強く挟みながら、さらに腕を上げていく
- そこから②→①の体勢までもどす
- この一連の流れを6秒間で行なう

8 おまけで腹筋トレーニングもできればなお GOOD！

腹筋トレーニングでお腹の脂肪は取れないけれど……

　前項ではＢＩＧ３の筋トレを紹介しました。ダイエットに効果的なだけでなく、様々なメリットがあるのでメインで鍛えてもらいたいのですが、腹筋のトレーニングをするのも、よりお勧めです。

　腹筋は大きく分けて腹直筋、外腹斜筋、内腹斜筋、腹横筋で構成されています（よく鍛え上げられた肉体の代表例として割れた腹筋があげられますが、これは腹直筋のことを指します）。

　腹筋もトレーニングすると、様々なメリットがあります。
・体を支えられるようになるので姿勢がよくなる（反り腰の人は顕著に改善）
・腰痛が改善する
・体の軸ができて動きやすくなる
などです。

　そして、意外に勘違いされていることがあります。それは、「お腹の脂肪を燃やすためには腹筋をすればいい」と思っている人が多いことです。

　実はそうではありません。腹筋トレーニングはよいトレーニングなのですが、お腹の脂肪を燃やすには、ＢＩＧ３の筋肉をトレーニングして基礎代謝を上げ、脂肪が燃えやすい食品を選んで食べるフードチョイスをするほうが効果的なのです。全身の脂肪が燃えると同時に、お腹の脂肪も燃えていきます。

　腹筋トレーニングをたくさんやったからと言って、優先的にお腹の脂肪が燃えるわけではないのです。

お腹がへこむ腹筋トレーニング

　腹筋を1000回できたとしても、皮下脂肪の下にある腹筋は鍛えられますが、基礎代謝が効果的に上がる筋トレと食事が伴わなければ、お腹の脂肪はなかなか燃えてくれません。

　腹筋トレーニングだけやってお腹を引き締めようとするのは、効率が悪いのです。ただし、男性に多いでっぷり突き出したお腹や、女性に多いポッコリ下腹などは、腹筋をトレーニングすることでへこみやすくなります。

　腹筋トレーニングをすることで、腹横筋が強くなるからです。

　腹横筋は腹筋の一番下にある筋肉で、コルセットのように内臓を支える役割をはたしています。そのため腹横筋が弱い人は、内臓をいい位置に保つことができません。その結果、内臓が前と下に押し出されてポッコリお腹になってしまうのです。

　腹筋トレーニングをすると、シックスパックの腹直筋が鍛えられるだけでなく、腹横筋も鍛えられます。すると内臓を適正な場所に押さえておくことができるようになり、お腹がへこむのです。

　この例が、ある俳優さんが提唱し、大流行した息をフーッと思いっきり吐いて腹筋を鍛えるダイエット法です。

　しかし、先ほども言ったように、消費カロリー的に腹筋を鍛えるだけでやせることは効率がよくありません。この息を吐くダイエット法も、食事調整を合わせて行なわないと効果は出にくいと考えられます。

　効果が出ている人は、フーッと息を吐いて鍛えることよりも、それがきっかけになって食事にも気をつけるようになった結果、ダイエット効果が出ているのだと思います。

　それでは次ページから、最初にあげたメリットと、内臓の位置がよくなってお腹がへこむ腹筋トレーニングのしかたを紹介していきますね。

腹1 スタンダード

〈クランチ〉腹直筋（お腹）
初心者：8〜12回
慣れてきたら：15〜20回

- 仰向けに寝て、胸の前で両腕を交差させる
- ひざを90度に曲げて、かかとをイスの上に乗せる

- お腹に力を入れることを意識して、ヒジが太ももに近づくように起き上がる
- このとき、背中を丸めるように起き上がる。背骨が真っ直ぐなまま起き上がると、腰を痛めやすいので注意すること

腹1 ハード

〈クランチ〉腹直筋（お腹）
初心者：8〜12回
慣れてきたら：15〜20回

- 腰の下にバスタオルを丸めて入れて、仰向けに寝る
- 胸の前で両腕を交差させる
- ひざを90度に曲げて、かかとをイスの上に乗せる

- お腹に力を入れることを意識して、ヒジが太ももに近づくように起き上がる
- このとき、背中を丸めるように起き上がる。背骨が真っ直ぐなまま起き上がると、腰を痛めやすいので注意すること

2章 ● 効率よくダイエットをするなら3つの大きい筋肉(BIG3)を鍛えよう

腹2 スタンダード

〈レッグレイズ〉腹直筋(お腹)
初心者:8〜12回
慣れてきたら:15〜20回

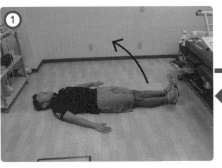

- 両腕をやや開き、体に沿わせて仰向けに寝る。硬い床の上で行なうと骨盤の骨が当たって痛いことがあるので、お尻の下に座布団を敷くか、マットレスの上で行なうのがお勧め

- お腹に力を入れることを意識して、脚の重みを負荷にして脚が垂直になるまで上げていく
- 垂直まで上げたら、①の体勢近くまでもどす。床につききる前に、また垂直になるまで上げていく

腹2 ハード

〈レッグレイズ〉腹直筋(お腹)
初心者:8〜12回
慣れてきたら:15〜20回

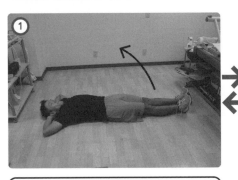

- 両手を頭の後ろで組み、仰向けに寝る。腰が痛くないよう、お尻の下に座布団を敷くか、マットレスの上で行なうのがお勧め

- お腹に力を入れることを意識して、脚の重みを負荷にして脚が垂直になるまで上げていく
- 垂直まで上げたら、①の体勢近くまでもどす。床につききる前に、また垂直になるまで上げていく

腹3 スタンダード

〈ロシアンツイスト〉腹横筋、外腹斜筋、内腹斜筋、腹直筋（お腹）

初心者：8〜12往復
慣れてきたら：15〜20往復

- 両腕を左右に広げ、両脚を45〜60度くらいまで上げる。腰が痛くないよう、お尻の下に座布団を敷くか、マットレスの上で行なうのがお勧め
- お腹をへこませて力を入れながら、脚の重みを負荷にして両脚を閉じたまま右側に倒す。脚が床にふれるくらいまで倒せると、より効果的
- 引き続きお腹をへこませて力を入れながら、脚の重みを負荷にして両脚を閉じたまま左側へ倒す。イメージはメトロノームのように両脚を振ること

腹3 ハード

〈ロシアンツイスト〉腹横筋、外腹斜筋、内腹斜筋、腹直筋（お腹）

初心者：8〜12往復
慣れてきたら：15〜20往復

- 両腕を左右に広げ、両足で2ℓの水の入ったペットボトルを挟み、そこから両脚を45〜60度くらいまで上げる
- お腹をへこませて力を入れながら、脚の重みを負荷にして両脚を閉じたまま右側に倒す。脚が床にふれるくらいまで倒せると、より効果的
- 引き続きお腹をへこませて力を入れながら、脚の重みを負荷にして両脚を閉じたまま左側へ倒す

9

１週間の
お勧めスケジュールの組み方

　復習になりますが、毎日同じ筋トレをしてしまうと、筋肉は育ちにくくなるだけでなく、オーバーワークでケガをしてしまうリスクを高めてしまいます。

　効果的に筋トレを行なうためにも、１つの部位の筋トレをしたら、２〜３日あけてください。**同じ筋肉を週に２回**、筋トレすると大変効果的です。頑張って週に２回はＢＩＧ３と腹筋をトレーニングしてください。

　１週間のお勧めのスケジュールの組み方は、
・**週に２回、全身を筋トレする方法**
・**上半身の日、下半身の日と分けて、週に４回筋トレする方法**
のどちらかの方法があります。

　脂肪燃焼効果として、有酸素運動のウォーキングなども有効です。必ずしないといけないわけではありませんが、併用するとより効果的です。

　ウォーキングをする余裕がある人は、**週に２〜３回、30〜40分程度**行なってください。筋トレの日と同じ日に行なってもいいし、違う日に行なっても、どちらもダイエットに有効です。

　もしできそうなら、息が少し弾むくらいの**スピードウォーキング（早歩き）**をすると、カロリー消費量と脂肪燃焼効果がより高まるので、チャレンジしてみてください。

　それでは次ページの１週間のお勧めスケジュール表を参考にして、筋トレに取り組んでください。

〈筋トレ1週間のスケジュール例〉

種目	曜日	月	火	水	木	金	土	日
脚 1	62ページ スタンダードorハード	▲		●		▲		●
脚 2	63ページ スタンダードorハード	▲		●		▲		●
脚 3	64ページ スタンダードorハード	▲		●		▲		●
脚 4	65ページ スタンダードorハード	▲		●		▲		●
背中1	66・67ページ スタンダードorハード		▲	●			▲	●
背中2	68ページ スタンダードorハード		▲	●			▲	●
胸 1	69ページ スタンダードorハード		▲	●			▲	●
胸 2	70・71ページ スタンダードorハード		▲	●			▲	●
腹 1	74ページ スタンダードorハード		▲	●			▲	●
腹 2	75ページ スタンダードorハード		▲	●				
腹 3	76ページ スタンダードorハード						▲	●

● 週2回バージョン
▲ 週4回（上半身、下半身分割）バージョン

COLUMN 2

筋トレ後の「静的ストレッチ」のやり方

　筋トレをした後はジワーッと筋肉を伸ばす「静的ストレッチ」がお勧めです。筋トレで筋肉中に溜まった疲労物質・老廃物を流してくれるだけでなく、疲労回復効果も高まります。また、心身をリラックスさせる効果もあります。

[やり方]

静的ストレッチは動的ストレッチと違い、反動をつけずに筋肉を伸ばしていきます。ポイントは痛気持ちいいところで30秒間キープします。これを2〜3回行なってください。

● 胸のストレッチ

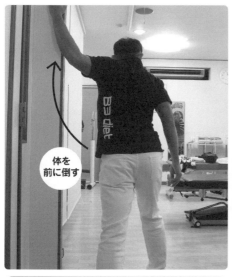

体を前に倒す

① 左手の手の平からヒジをドアのふちに置く。反対の右脚を少し前に出し、体を前に傾けて胸のストレッチを行なう

② 右も①と同じように行なう
※1回30秒間伸ばす
　これを2〜3回、左右とも行なう

COLUMN 2

●背中のストレッチ

左の写真のような体勢をとり、腕は前に出すように、お尻は床方向におろすようにして背中のストレッチを行なう
※1回30秒間伸ばす
　これを2〜3回、行なう

●太ももの前のストレッチ

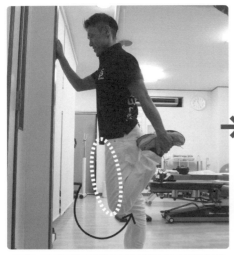

① 左手で左足首を持ち、両脚が開かないように閉じる

② ①の体勢から体を少し前に倒しながら左足首を後ろに軽く引っ張り、太ももの前のストレッチを行なう
※1回30秒間伸ばす
　これを2〜3回、左右とも行なう

● 太ももの後ろのストレッチ

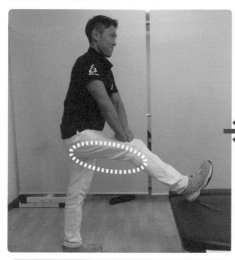 

① 右足をイスや台の上に乗せる。ひざはあえて少し曲げ、ひざのお皿の少し上に両手を置く

② ①の体勢から体を少し前に倒す。このとき、ひざが曲がってこないように軽く両手で押さえて、太ももの後ろのストレッチを行なう
※1回30秒間伸ばす
　これを2〜3回、左右とも行なう

COLUMN 2

● お尻のストレッチ

① ひざを曲げて床に座り、両腕を背中の後ろに置き、右脚を4の字に組む

② ①の体勢から、胸と組んでいる脚が近づくように体を少し前に倒し、右のお尻のストレッチを行なう。このとき、両腕の力で近づけるようにするとやりやすい
※1回30秒間伸ばす
　これを2～3回、左右とも行なう

前から見るとこんな感じ

3章

フードチョイスとは
ダイエットが進む食事法

1 私が勧める「フードチョイス」とは何か？

筋肉がつきやすく、脂肪が燃えやすい食品を選ぶ

　ダイエットを健康的に効率よく行なう上で、ＢＩＧ３(ビッグスリー)を鍛えることの重要性と取り組み方は理解してもらえたと思います。

　次はダイエットの中でも一番大切と言っても過言ではない「食事」の話です。なぜ大切かと言うと、私たちの体は食べたものでできあがっているからです。

　「食事」の知識を深め、よい食事を摂ることを実践すると体は変わってきます。そこで私がお勧めしている食べ方が「フードチョイス」です。

　今までダイエットしてリバウンドしてきた人の共通点として、「極端な食事制限」「〇〇だけ食べるダイエット」があげられることは、１章でお伝えしました。このやり方は体重こそ早く落ちますが、一緒に筋肉も落ちてしまうので、基礎代謝は落ち、太りやすい体になってリバウンドしてしまいます。

　そうならないための食べ方がフードチョイスなのです。簡単に言うと次のようになります。

　「筋肉がつきやすく、脂肪が燃えやすい食品を選んでしっかり食べる」

３大栄養素・５大栄養素とは？

　「えっ？　ダイエットなのに食べていいの？」と思われるかもしれませんが、正しい食品を選べば食べても大丈夫です（もちろん、２人前３人前食べれば、どんなにいい食品でも太ります）。

　これからどういうものを食べればいいか説明していきますが、その前に、食事を考える上で基本的な栄養素の説明をしておきます。

人が生きていく上で必要なエネルギーや体の材料になる栄養素は、
①糖質（炭水化物）
②タンパク質
③脂質
の３つで、３大栄養素と呼ばれています。（炭水化物から食物繊維を抜いたものが糖質です。炭水化物と糖質ではこのように少し意味が違うのですが、最近では「糖質」と言うほうが一般的です。本書ではそれにならって炭水化物と糖質を区別せず、糖質と表記します）

さらにこれに、体の調子を整えたり、代謝を促進したりする栄養素である、
④ビタミン
⑤ミネラル
の２つを足して５大栄養素と呼ぶこともあります。

ビタミン、ミネラルも大切な栄養素であることは間違いありませんが、ここではダイエットに関連性が高い３大栄養素に絞って説明していきます。

３大栄養素の主な食材と特徴

３大栄養素の主な食材と特徴は、次のようになります。
①糖質
【主な食材】米、パン、麺類、イモ類、砂糖、果物
【特徴】体を動かすエネルギー源。筋肉と肝臓に蓄えられ、必要に応じてエネルギーとして使われる。ただ、摂りすぎると体脂肪として体に蓄えられる。１ｇにつき４キロカロリー。
②タンパク質
【主な食材】肉、魚介類、卵、豆類
【特徴】体をつくる材料。筋肉、皮膚、髪の毛、臓器、骨、歯などの体の大部分を構成している。体内では水の次に多い成分。１ｇにつき４キロカロリー。
③脂質
【主な食材】植物油、バター、ラード、ナッツ類（クルミ、アーモンド等）
【特徴】体を動かすエネルギーとしてだけでなく、細胞膜、血液、ホルモ

ンをつくる材料になる。1gにつき9キロカロリー。摂りすぎると体脂肪として体に蓄えられる。

　3大栄養素の役割を簡単にまとめると、
・糖質は体を動かすエネルギー源
・タンパク質は体をつくる材料
・脂質は体を動かすエネルギー源＋細胞膜や血液、ホルモンの材料
となります。
　ダイエットの観点から言うと、糖質は摂りすぎると体脂肪になります。そのため、糖質の摂取量を抑えることがポイントになります。
　ただ糖質の中でも、食後に血糖値がすぐに高くなり、体脂肪になりやすいものと、消化吸収に時間がかかり、血糖値の上昇が緩やかで体脂肪になりにくいものがあります。
　タンパク質は、基礎代謝を上げて、ダイエット効果を高める筋肉の材料になります。皮膚、髪、爪などにも使われるので、しっかりと食べる必要がある栄養素です。
　ちなみにタンパク質は英語でプロテインと言いますが、ギリシャ語ではプロティオスと言い、意味は"第一に大切なもの"です。
　脂質は、摂りすぎると体脂肪になりやすい特徴があります。また、脂質の中でも肥満を誘発したり、発ガン性が高まったり、高血圧、心臓病の原因になる悪い脂（あぶら）と、ダイエット・美肌効果、脳の活性化、ガンの抑制、動脈硬化を予防してくれるよい脂があります。
　脂質の摂りすぎはカロリーが高くなるのでよくありません。適量のよい脂質は摂ったほうがダイエットに有効です。

低糖質・高タンパク質・良脂質の食事

　先ほどフードチョイスとは、「筋肉がつきやすく、脂肪が燃えやすい食品を選んでしっかり食べる食事法」と書きましたが、今まで説明した3大栄養素の特徴を踏まえると、**「低糖質・高タンパク質・良脂質の食事を摂ること」** と言い換えることができます。

3章 ● フードチョイスとはダイエットが進む食事法

　具体的なお勧めの食材や体に悪い脂、よい脂などは、「4　フードチョイスで健康的にやせる3大栄養素の摂り方」の項目で説明します。
　ここでは「低糖質」「高タンパク質」「良脂質」を意識して、食品を選んでしっかり食べるフードチョイスをすれば、ダイエット効果が高いだけでなく、筋肉がつき、基礎代謝が上がるということを理解してください。
　フードチョイスはリバウンド予防になるだけでなく、健康にもいいメリットだらけの食事法です。

2 脂質と糖質で太るメカニズムとは？

カロリーオーバーと糖質が原因

普段の会話でも、日常的によく「太る」と言います。では、何気なく使う「太る」とはどういう状態のことなのでしょうか？

私の定義は、**「体脂肪が増える」**ということです。

では、この「太る＝体脂肪が増える」とは、一体どのようなメカニズムで起こるのでしょうか。このメカニズムを知っておくと、何を食べると太りやすく、反対に何を食べれば太らないかがわかってきます。

太るメカニズムとしては、大きく分けて２つあります。

①消費カロリーよりも摂取カロリーが多い
②糖質を摂りすぎている

１つ目は消費カロリーよりも摂取カロリーが多い状態になることです。そうすると体内で余ったカロリーが行き場を失い、最終的に体脂肪として体に蓄えられます。つまり、カロリーの高い食事を食べたり、食べる量が多すぎたりすると、カロリーオーバーになり太ってしまいます。

ちなみに、カロリーが高い代表的な食品は、揚げ物やバターを使ったケーキなどのお菓子です。これらは脂質が多く入っているので、カロリーが高くなってしまいます。

脂質は１ｇにつき９キロカロリーのエネルギーになり、糖質、タンパク質（１ｇにつき４キロカロリー）の倍以上になりますからね。脂質の多い食品を食べると、カロリーオーバーで太りやすくなります。

糖質はどのように体に作用するのか

近年、糖質の摂りすぎで太るということが、よく言われるようになりました。そのメカニズムを大まかに説明します。

糖質は普段、体を動かすエネルギー源として使われており、いつでもすぐに使えるように筋肉と肝臓に蓄えられています。

人が食べた食品中の糖質は、消化吸収され、ブドウ糖という形で血液の中に入ります。この血液中のブドウ糖の値のことを「血糖値」と言い、糖質を多く含む食品を食べると血糖値が高くなります。

すると、高くなった血糖値を正常にもどすために、膵臓からインスリンというホルモンが分泌されます。このインスリンにはいろいろな作用がありますが、血糖値に関係するのは次の2つです。

・ブドウ糖を筋肉と肝臓に蓄える
・体のエネルギー源を脂質中心から糖質中心に切り替える

これらの作用で血糖値は下がります。これが基本的な糖質を食べた後の体の反応です。

糖質が脂肪に変わる!?

ところが、糖質の多い食事ばかりしていると、血糖値が高くなりすぎてしまいます。

もちろん、インスリンが先ほどの働きをしてくれるのですが、糖質の量があまりにも多いと筋肉と肝臓では蓄える場所がなくなり、さらに運動量が少なければ消費も追いつかず、血糖値を下げられなくなってしまいます。

そうなったときに、インスリンはもう1つの働きをします。

それは、蓄えきれなくて余ったブドウ糖を「体脂肪」に変換して体に蓄えるという作用です。それに加えて、インスリンにはもともと血液中の脂肪酸を体脂肪に取り込むことを促す作用もあります。

このように糖質が多い食事が続き、インスリンが大量に分泌され続けると、体は脂肪を蓄えるモードになっていき、体脂肪が増えて太ってしまうのです。

太るための黄金コンビ

　このように、脂質が多くてカロリーの高い食事＋糖質の多い食事をたくさん食べると、どうしても太ってしまいます。
　これらは、太るための黄金コンビと言えます。
　この太る黄金コンビの代表例が、カツ丼、ラーメン、ピザ、ハンバーガー、スイーツ、スナック菓子、菓子パンなどです。
　ある、お茶のテレビＣＭで言っている、「美味しいものは脂肪と糖でできている」というキャッチフレーズは、言い換えれば「太りやすいものは脂肪と糖でできている」ということなのです。
　また飲み物にも太りやすいものがあります。
　ソフトドリンクでは、スポーツドリンク・清涼飲料水・コーラやサイダーなどです。アルコールではビール・日本酒などの醸造酒、缶チューハイ・白ワインなどが糖質の多い太りやすい飲み物です。

太らないための王道

　反対に太らない飲み物もあります。
　ソフトドリンクでは、水・お茶・紅茶（無糖）・ブラックコーヒー・糖質ゼロのコーラなどです。
　アルコールでは焼酎・ウイスキー・ブランデー・ジンなどの蒸留酒。また糖質ゼロビール、糖質ゼロチューハイなども糖質がほとんど入っていないので、飲んでも太りません。
　ただ、アルコールはエンプティカロリーと言われるくらい、カロリーがあって栄養がない飲み物です。糖質が少なくても飲みすぎればカロリーオーバーになって太るので、ダイエット中は１日１〜２杯までにすることをお勧めします。
　以上のことを踏まえると、太らないためには、「カロリーの高い脂質」の摂りすぎに気をつけるか、「体脂肪が増えやすくなる糖質」の摂りすぎに気をつけるかのどちらかが王道になります。

3 健康的にやせるメカニズムとは?

「消費カロリーを増やす」「摂取カロリーを減らす」

　私のやせる定義は**「体脂肪が減る」**ことです。それでは、「やせる＝体脂肪が減る」メカニズムとはどのようなものでしょうか？

　体脂肪を減らすためには、基本的に摂取カロリーよりも消費カロリーが上回らなければなりません。その状態のとき、体はエネルギー不足になるので、蓄えられた体脂肪をエネルギーとして使い、その結果、体脂肪が減りやせていきます。

　この流れが王道のやせるメカニズムです。

　少しマニアックですが、そのメカニズムは次のようになります。

　体はカロリー不足になるとエネルギーが必要になるので、体脂肪が分解され、脂肪酸になります。その脂肪酸が血液の中に入り、細胞の中にあるミトコンドリアに運ばれます。このミトコンドリアに運ばれた脂肪酸から、エネルギーがつくられます。

　この一連の流れが起こることで、体脂肪が燃えていきます。

　それでは、この「やせる＝体脂肪が減る」メカニズムを健康的に発生させるためには、どうしたらいいのでしょうか？

　これは大きく分けて２つあります。

（１）消費カロリーを増やす
（２）摂取カロリーを減らす

　消費カロリーを増やすためには、筋トレと適度な有酸素運動が有効なことは２章で説明しました。

　ここでは摂取カロリーを減らすことについて考えましょう。摂取カロリーを減らす場合、３つのパターンがあります。

① 「タンパク質」を減らす

　肉、魚、卵、豆腐などを控えることです。

　これはダイエットでは絶対にやってはいけません。タンパク質が不足すると体の材料が不足することになり、いろいろな問題が起こります。タンパク質の不足分は筋肉を分解して補おうとします。つまり脂肪だけでなく筋肉も減っていくことになり、リバウンドしやすい体になってしまいます。

　ダイエット中はタンパク質を十分に食べるようにしてください。

② 「脂質」を減らす

　フライ、天ぷら、お菓子などの脂っこい食品を控えることです。

　脂質は糖質、タンパク質の倍以上のカロリーがあるので、脂質を減らすことで摂取カロリーを自然と抑えることができます。

　ただし、脂質も体やホルモンをつくる材料なので、極端に減らすとホルモンバランスが悪化する可能性があります。

　良質の脂質を適度に摂るようにしましょう。

③ 「糖質」を減らす

　主食である白米、パン、麺類（ラーメン、うどん、パスタ）などの糖質の多い食事を控えることです。

　糖質が多い食事を続けると、インスリンの働きで摂りすぎた糖質を体脂肪として蓄えてしまうということは、先ほど説明しました。

　ということは、その反対を行なえば体脂肪は減りやすくなります。具体的には糖質を減らすと血糖値の上昇が抑えられ、インスリンが大量分泌されません。つまり、体脂肪がつきにくい体の状態になります。

　さらに、糖質で摂っていたカロリーも減るため、しだいに体脂肪をエネルギーとして使うようになり、やせていきます。

　1日の糖質量を50g以下に抑えると一段とやせる効果が早まります。

　人は普段の活動は糖質をエネルギーにしています。糖質を1日50g以下に抑える生活にすると、糖質中心のエネルギー代謝から、脂質中心のエネルギー代謝にチェンジします。

その結果、体脂肪がどんどん燃えてやせる効果が早まります。これが近年ブームになった糖質制限ダイエットのメカニズムです。
　しかし、糖質制限ダイエットには注意が必要です。
　糖質の摂取を1日50g以下に抑えてダイエットすると、脂質がエネルギーになるので、脂質を比較的多めに摂らないと元気が出なくなるばかりか、やせにくくなります。
　間違った糖質制限をしてフラフラする方のほとんどが、脂質不足からくるものです（かと言って、脂質の摂りすぎはカロリーオーバーになってNGですが……）。

お勧めは糖質を減らしたダイエット

　では、どのやせ方がお勧めかと言うと、私は、糖質を減らしてダイエットする方法をお勧めしています。
　脂質を減らしてやせる方法ももちろん有効ですが、カロリーを抑えることが大切になるので、食べられる量が少なくなります。また、脂質の少ない食べ物は美味しくなく、腹持ちもよくありません。
　そのことで空腹感が強くなり、ストレスを感じやすくなります。またカロリー計算が面倒という側面もあります。

　一方、糖質を減らしてやせる方法は血糖値が安定することと、腹持ちのいい脂質を普通に食べられるので空腹感が少なく、楽にダイエットに取り組むことができます。
　さらに、わずらわしいカロリー計算をしなくても自然とカロリーを減らした食事ができます。甘いものがほしくなった場合も、糖質以外の甘味料で代用できるので、ストレスが溜まりにくいのです。
　以上の理由から、私は糖質を減らしてダイエットする方法をお勧めしています。

カロリーを減らすことでやせるメカニズム

カロリーダウン

体脂肪が分解され、
脂肪酸になり血管内へ

▼
▼
▼
▼

 脂肪 — 脂肪酸

血管内の脂肪酸が脂肪燃焼工場の
ミトコンドリアに運ばれる

 血管
ミトコンドリア

体脂肪がエネルギーになりやせる

糖質を減らすことでやせるメカニズム

糖質を少なくして、タンパク質を多めに摂り、
よい脂質を意識して食べる

肉　魚介類　豆類

▼

血糖値が上がらないのでインスリンが余分に
出なくてすむので、体脂肪にならない

▼

体脂肪をエネルギーとして使いやすくなってやせる

4
フードチョイスで健康的にやせる3大栄養素の摂り方

　フードチョイスとは「低糖質・高タンパク・良脂質」の食品を選んで食べることであると説明しました。
　次に、フードチョイスの具体的な方法を説明していきましょう。

糖質の摂り方

　「太るメカニズム」で説明したように、糖質の摂りすぎはダイエットを成功させるためにはNGです。そこでフードチョイス時の糖質の上手な摂り方として、以下の2つのポイントを知ってください。
①**1日に摂取する糖質量を100g以下にする**
②**糖質でも血糖値の上がりにくい食材を選んで食べる**
ということです。

①**1日に摂取する糖質量を100g以下にする**
　100g以下というとわかりにくいと思います。目安として主食の糖質量を右ページに図にしたので参考にしてください。
　糖質量を抑えた分だけダイエット効果は高まりますが、はじめは抵抗があるかもしれません。そこでお勧めの具体例をあげましょう。

　朝は食パン1枚（糖質27g）、お昼は白米お茶碗半分（半膳）、夜は主食を食べないことから始めてみてください。これでおかずを食べても1日の糖質量は100g以下になり、ダイエット効果が出てきます。
　少しきつくてもいいからダイエット効果を早く出したいという人は、**糖質50g以下**を目指してください。糖質50gの目安は、3食とも主食を食

主な食品中の糖質量

- 糖質55g　白米1膳(150g)
- 糖質27g　食パン6枚切り1枚
- 糖質42g　うどん(1玉200g)
- 糖質69g　パスタ(乾麺1束100g)
- 糖質25g　ジャガイモ(1個)

べずに、おかずでお腹をいっぱいにする食べ方です。これなら糖質50g以下になります。

②糖質でも血糖値の上がりにくい食材を選んで食べる

　糖質を摂った後は体内で血糖値が上昇します。この上昇速度をＧＩ値(グリセミック・インデックス)と言います。

　糖質の中でも血糖値の上昇速度が速いものを高ＧＩ食品、遅いものを低ＧＩ食品と言います。高ＧＩ食品は、血糖値が急上昇するので、血糖値を下げるために、すぐにインスリンが大量に分泌されます。よって体脂肪に変換されやすくなります。

　一方、低ＧＩ食品は、消化吸収が遅く、血糖値が緩やかに上がるのでインスリンの分泌量が少なくてすみます。よって、体脂肪に変換されにくくなります。ですから同じ糖質量でも低ＧＩの食品を選んで食べるだけで、太りにくくなるというメリットがあります。

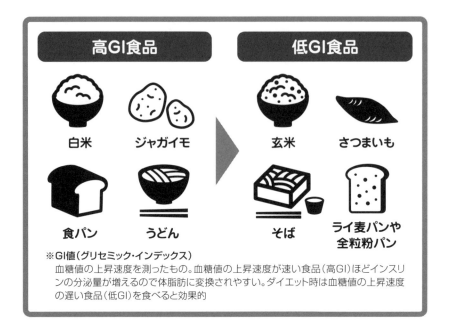

※GI値（グリセミック・インデックス）
血糖値の上昇速度を測ったもの。血糖値の上昇速度が速い食品（高GI）ほどインスリンの分泌量が増えるので体脂肪に変換されやすい。ダイエット時は血糖値の上昇速度の遅い食品（低GI）を食べると効果的

　具体例をあげると、高ＧＩ食品は「白米」「パン」「うどん」「ジャガイモ」などです。低ＧＩ食品は「玄米」「ライ麦パン、全粒粉パン」「そば」「さつまいも」などです。ＧＩ値を意識するだけでも太りにくくなるメリットがあることを知っておいてください。

　上記の２つのポイント以外にも知っておきたいのが、野菜に含まれる糖質です。

　イモ類（ジャガイモ、サトイモなど）や**根菜類**（大根、ニンジン、ごぼうなど）、タマネギ、かぼちゃ、トマトも糖質が多く含まれているので食べすぎに気をつけてください。

　葉物野菜（キャベツ、レタス、小松菜、ホウレン草など）、ピーマン、キノコ類には糖質が少ないので、たくさん食べても大丈夫です。

　基本的に、土の中にできる野菜には糖質が多く、土の上にできる野菜は糖質が少ないです。

　果物はＧＩ値こそ低いのですが、果糖という糖が多く含まれています。果糖は内臓脂肪に変換されやすい特徴を持っています。ですから健康によ

さそうだからと果物を食べすぎるのは、実はダイエット的にはNGです。果物を食べるのなら1日に旬の果物を3分の1程度にしましょう。

タンパク質の摂り方

　タンパク質は筋肉だけでなく、皮膚や髪などの体をつくる材料なので積極的にたくさん摂ってください。主な食材は肉、魚介類、卵（動物性タンパク質）、豆類（植物性タンパク質）です。

　2章で代謝を上げるための、筋トレの重要性を説明しました。筋肉をつけるためには筋トレだけでなく、タンパク質を積極的に摂ることが必要になります。

　筋肉をつけるために**1日に摂ってほしいタンパク質の目標値は「体重×1.5～2g」**です。つまり体重が50kgの人なら、1日75～100gのタンパク質を摂ってください。

　とは言っても、タンパク質が食品にどのくらい含まれているかわからないですよね。そこでざっくりとした目安を、次ページに表で示したので参考にしてください。

　肉や魚介類100g（タンパク質20g）がどのくらいの量かと言うと、手の平サイズの大きさと厚さくらいになります。

　ですから体重50kgの人が、1日にタンパク質を75g摂ろうと思ったら、毎食1品以上はタンパク質の食品を食べる必要があります。例えば、朝は卵焼き（卵1個分）に納豆1パック、お昼は肉150g、夜は魚150gは食べるといった感じです。

　読者の方でタンパク質をこれだけ摂っている人は少ないのではないでしょうか？　それだけタンパク質は意識して摂ってください。

　そして、動物性タンパク質（肉・魚介類・卵など）と植物性タンパク質（大豆・豆腐・納豆など）なら、動物性タンパク質をメインに摂ってください。割合は7：3がお勧めです。

　人間も動物なので、動物性タンパク質のほうがより筋肉になりやすく、代謝も上がりやすいというメリットがあります。

　また豆類の植物性タンパク質には糖質が少し含まれています。植物性タ

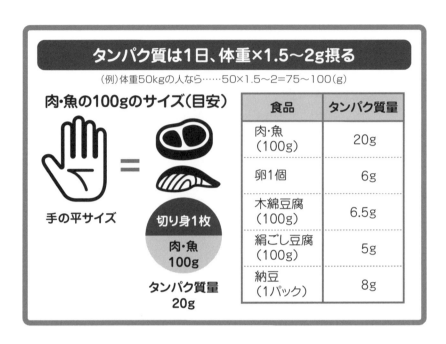

ンパク質で糖質を摂るのはもったいないという理由からも、動物性タンパク質を意識して摂ってください。

脂質の摂り方

　脂質は体にとって細胞膜をつくったり、エネルギー源になったり、体温を維持したり、血液をつくったりする大切な栄養素です。

　ただ脂質は、1ｇで９キロカロリーあり、他の栄養素と比べるとカロリーが高いのです。そこで脂身の多い牛肉の霜降りや豚のバラ肉などの摂りすぎには注意が必要です。

　しかし、後でくわしく説明しますが、魚の油は健康によいだけでなく、ダイエット効果もあるので、気にせずに食べてください。

　脂質は大きく分けると**飽和脂肪酸**と**不飽和脂肪酸**の２種類があります。前者は肉やバターなどの常温で固体になっている脂質です。後者は常温で液体になっている脂質で、オメガ３、オメガ６、オメガ９というものがあ

　ります。

　フードチョイス時に意識して積極的に摂ってもらいたいよい脂質は、**オメガ3**と言われる油です。オメガ3はダイエットだけでなく、血管や脳にもよい効果があり、うつ病などにも有効に作用するなど、健康へのメリットが多い油です。

　オメガ3は青魚や亜麻仁油、えごま油、クルミなどにたくさん含まれています。理想としては、青魚で摂るなら1日1尾食べます。亜麻仁油・エごま油なら1日ティースプーン1杯でOKです。

　基本的にこれらの油には味がないので、サラダにかけたり、豆腐にかけたりしてもOKですが、調理油として使うと効能がなくなるのでNGです。

　クルミなら5〜10粒食べてください。できれば塩で味つけしてあるものより、素焼きのものを選びましょう。今ではコンビニのおつまみコーナーでも売っています。

　調理油は、**オメガ9**と言われる、エキストラバージンオリーブオイル（とくにオーガニックのもの）、キャノーラ油などがお勧めです。

オメガ6と言われるサラダ油、紅花油、コーン油、ひまわり油、ごま油などもOKですが、摂りすぎると動脈硬化やアレルギー疾患を悪化させるリスクがあるので気をつけてください。
　ちなみに現代人は、気づかないうちに脂質を摂りすぎている傾向があります。惣菜として売られている揚げ物やスナック菓子には多く含まれているので、常にこうした食品を食べている人は注意が必要です。

　そして極力、摂るのを避けるべきなのが**トランス脂肪酸**と言われるものです。これは、植物性油脂に水素添加をするという方法で人工的につくられた油に含まれています。
　どんなものに入っているかと言うと、マーガリン、菓子パン、クッキー、ケーキ、スナック菓子などです。
　原材料表示を見ていただくと、ショートニング、加工油脂、植物油脂などと書いてあります。これらにはすべてトランス脂肪酸が含まれており、これらの油はガン、糖尿病、アレルギー疾患、感染症、うつなどのリスクを高めてしまう危険な油です。
　ちなみにアメリカでは2018年から、トランス脂肪酸を含む部分水素添加油脂の食品への使用が規制されることになりました。
　私の立場としては、健康やダイエットを考えるなら摂ってほしくない油です。ただ個人的には、美味しいお菓子を食べたい気持ちはよくわかります（私も大好きです）。ですので、ダイエット中は心がけて食べないようにして、たまにご褒美に食べてください。

　以上をまとめると、脂質の摂り方は次のようになります。
・オメガ3（青魚、亜麻仁油・えごま油・クルミ）を積極的に摂りましょう
・調理にはオメガ9（オリーブオイル・キャノーラ油）を使いましょう
・オメガ6（サラダ油・大豆油・ごま油）の摂りすぎには注意しましょう
・トランス脂肪酸（マーガリン、菓子パン、クッキー、ケーキ、スナック菓子）は極力摂らないように心がけましょう

トランス脂肪酸は極力摂らない!

マーガリンや菓子パン・クッキー・ケーキ・スナック菓子に含まれるショートニング、加工油脂、植物油脂などにはトランス脂肪酸が含まれている。これらの油はガン、糖尿病、アレルギー疾患、感染症、うつなどのリスクを高めてしまう危険性がある

代わりにバターを使おう!

マーガリン ▼▼▼ バター

フードチョイス見取図

フードチョイスで健康的にやせるために3大栄養素の摂り方を理解しよう!

脂質
- 飽和脂肪酸 動物性油脂○
- OK食材!! バター、肉の脂
- えごま油、亜麻仁油、クルミ、青魚の脂 積極的に摂る!(オメガ9◎ 不飽和脂肪酸)
- 調理にはオリーブオイルを!
- 紅花油、サラダ油、コーン油、ごま油は控えめに! ○or△ (オメガ6)
- マーガリン NG食材!
- トランス脂肪酸× 極力摂らない!

糖質
- 摂りすぎは太りやすくなる
- 低糖質 1日100g以下を目指す
- 白米、パン、ジャガイモ、うどん 高GI食品
- できれば低GI食品をチョイス
- 玄米、さつまいも、そば、全粒粉パンorライ麦パン 低GI食品

タンパク質
- 卵、肉、魚、納豆、豆腐
- 高タンパク質[1日量]体重×1.5〜2gのタンパク質を摂る

お勧め野菜	レタス、ホウレン草、キャベツ、ピーマン、ブロッコリー、キノコ類
控えめ野菜	ごぼう、ニンジン、トマト、タマネギ、カボチャ、大根、ジャガイモ

5 あなたに合った フードチョイスは3コースある

　健康的にダイエットするために、前項では食事を選んで食べるフードチョイスの解説をしました。そのフードチョイスは3コースあります。
　コース別の特徴を説明する前に、フードチョイスの基本的なルールをまとめておきます。

> ［基本ルール］
> ①**低糖質**
> ・糖質量を1日100g以下に抑える
> ・主食は、朝、昼は（食パン6枚切り1枚 or 白米お茶碗半分）、夜は控える
> ・糖質が高めである野菜の根菜類（大根、ニンジン、ごぼうなど）、タマネギ、トマトは控えめに
> ・低糖質な葉物野菜（レタス、ホウレン草、キャベツなど）とキノコ類はたくさん食べてもOK
> ・果物は中性脂肪になりやすいので極力控えめに。旬の果物を3分の1程度に
>
> ②**高タンパク質**
> ・筋肉の材料である肉、魚、卵、豆類を毎食1品は食べる
> ・1日に食べる量は体重×1.5〜2gを目指す（体重50kgなら75〜100gのタンパク質量）
> ・肉や魚を100g（手の平サイズ）食べることで、タンパク質が約20g摂れる
>
> ③**良脂質**

- 肉の脂は摂りすぎなければＯＫ
- オメガ3を意識して摂る（魚の脂は積極的に摂る。亜麻仁油 or えごま油は1日ティースプーン1杯、クルミなら1日5〜10粒）
- 調理ではオメガ9の油を使う（エキストラバージンオリーブオイル、キャノーラ油など）
- オメガ6は必要な油だが、摂りすぎには注意（サラダ油、ごま油など）
- トランス脂肪酸は極力、摂取しないようにする（マーガリン、コーヒーフレッシュなど）
「原材料・食品表示」にショートニング、加工油脂、植物油脂、乳化剤、防腐剤と記載されているものも極力摂取しないようにする

※1）菓子パン、クッキー、ケーキ、スナック菓子などの菓子類は糖質が高いだけでなく、体に悪いトランス脂肪酸が含まれているので、ダイエット中は食べないようにしましょう。

※2）糖質の高い飲み物は飲まないようにしましょう。ビール、甘いチューハイ（果実含む）、日本酒、ワイン、スポーツドリンク、コーラなどの炭酸飲料は飲まないようにします。

　糖質ゼロビール、糖質ゼロチューハイ、ウイスキー、ブランデー、ハイボール、焼酎は常識の範囲内であれば飲んでＯＫ。お茶類（無糖）、コーヒー（無糖）、水もＯＫです。

　この基本ルールを知った上で、フードチョイスの3コースの説明をします。具体的な食事例は4章で紹介しますので、ここでは「こんな感じなんだ」とイメージがつかめれば大丈夫です。

①**普通コース（1日の糖質量100g以下）**
　主食は1日2回まで食べてＯＫ。夜は主食は食べない。
　目安：主食は白米ならお茶碗半分
　　　　　食パンなら6枚切り1枚

②**急行コース（1日の糖質量75g以下）**
　主食は1日1回まで食べてＯＫ。夜は主食は食べない。
　目安：主食は白米ならお茶碗半分

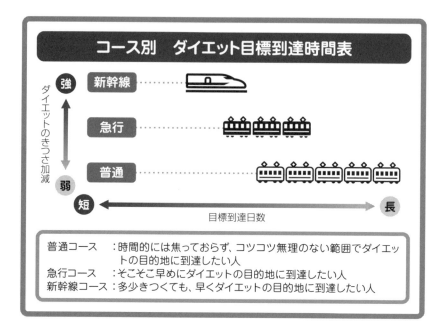

　　　食パンなら6枚切り1枚
③**新幹線コース（1日の糖質量50g以下）**
　主食は食べない。その代わりタンパク質、脂質を多めに摂る。
　目安：主食を食べずに、おかずでお腹をいっぱいにする感じ
　　　　　主食の量をコントロールすることを意識する

　どのコースもダイエットに効果的ですが、コース別にダイエットが進むスピードが違います。
　ダイエットの目標（目的地）まで早く到達する順番は、
　新幹線コース＞急行コース＞普通コース
の順です。
　これは、糖質量が少ないほうが血糖値の変動が少ないので、体脂肪がつきにくいだけでなく、燃えやすくなるからです。あなたのできそうなコースから始めてみてください。

「普通コース」から始めて、慣れてきたら「急行コース」、さらに慣れたら「新幹線コース」と、段階別に上げていくと無理なく続けやすくなります。

もちろん、「私は新幹線コースからやりたい！」という人は、新幹線コースから始めても大丈夫です。

現実的なことを言うと、今までと同じように食べていたら、やせることはありません。大切なことは、どんな食品を食べたらやせるのかを理解し、フードチョイスをしながら食べることです。

いきなり極端に食事を減らすより、フードチョイスをするほうが食べる楽しみを味わいながら前向きに取り組めるので、ダイエットが成功しやすくなります。

あなたの性格に合わせて始めてみてくださいね。

私の経験上、身長から90を引いた数字より体重が重い人は、いきなり「新幹線コース」で始めるとうまくいきます。

身長から90を引いた数字より体重が軽い人は、「普通コース」、もしくは「急行コース」から始めるとうまくいきます。

［例］
あなたの身長が170cmだとすると、
170cm－90＝80
・体重が80kgより重い人は「新幹線コース」
・体重が80kgより軽い人は「普通コース」、もしくは「急行コース」

6 「新幹線コース」の メリットと注意点

体のエネルギー代謝が変わる

　「新幹線コース」は、ダイエットが早く、効果的に進みますが、そのメリットと注意点を知っておいてください。
　「新幹線コース」の一番の特徴は、**主食を食べずに１日の糖質量を 50g 以下にする**ことです。そのことにより体内では「普通・急行コース」では起こらない変化が起こります。
　それは、前述したように体のエネルギー代謝が変わるということです。糖質代謝エンジンから、脂質代謝エンジンに変わるのです。簡単に言うと、糖質の摂取量を１日 50g 以下にすると、体が体脂肪をエネルギーとしてどんどん使うので、体脂肪が燃えてダイエットが早く進みます。

「元気が出ない」「フラフラする」現象

　ただ、「新幹線コース」には注意点もあります。
　脂質代謝エンジンのエネルギー源である脂質が少なくなると、元気が出なくなったり、力が出なくなったり、お腹がすきすぎたりします。なので、**脂質をより積極的に摂る**ことが大切になってきます。
　例をあげると、よく炭水化物（糖質）抜きダイエットを自己流でした人が、「元気が出ない」「低血糖になってフラフラする」「頭が働かなくなる」と言うことがあります。
　そのことで、「炭水化物（糖質）抜きダイエットは危ない」と主張する人が多いのですが、これは間違いです。
　こうした状態は糖質の摂取量が少ないから起こるのではなく、エネルギー源が脂質中心に変わっているにもかかわらず、脂質の摂取が少なすぎ

ることで起こっている現象なのです。

　単純に、エネルギー源である脂質が不足しているから元気が出なくなったり、フラフラしたり、頭が働かなくなるのです。

　脳のエネルギー源は基本的にブドウ糖です。ただし、それは普段の糖質（ブドウ糖）代謝エンジンの場合の話です。

　脂質（ケトン体）代謝エンジンのときは、脳のエネルギー源としてケトン体も使われるので、十分に脂質を摂っていれば頭は働きます。

　このような理由から、炭水化物（糖質）抜きダイエットをするときには、脂質の積極的な摂取が必要になるのです。脂質がしっかり摂取できていれば体は元気ですし、頭も働き、集中力に関してもむしろ高まります。

注意点はよい脂質を意識的に摂ること

　Ｂ３ダイエットのクライアントの方の中にも「新幹線コース」を行なっている方がいらっしゃいます。しかし、脂質を意識して十分に摂取しているので、皆さん、「元気になった」「体調がいい」「前はお昼ご飯を食べた後は眠くなってしょうがなかったのに、今は眠くならない」「集中力が高まった」とおっしゃいます。

　それだけ、「新幹線コース」はメリットが多いのです。

　ただ、何度も言いますが、注意点は脂質を積極的に摂ることです。摂る脂質は、前項までにお伝えした「よい脂質」を意識して、より多めに摂取してもらえれば大丈夫です。

　ダイエット中に脂質を積極的に摂ることに抵抗がある人もいると思いますが、「新幹線コース」のときは脂質がエネルギーとなり体脂肪が燃えるので、脂質のカロリーをそんなに気にしなくてもやせていきます。

※**そのほかの注意点**

　血液検査で腎障害、膵炎、肝硬変の指摘を受けている人、糖尿病治療でインスリン注射を打っている人は、「新幹線コース」はＮＧです。

　また、機能性低血糖症、糖質への過剰な依存がある人は、「普通コース」から始めてください。

7 栄養成分表示を見るクセをつけよう

一生ものの知識

　食品を購入するときは、栄養成分表示を見るクセをつけてください。栄養成分表示は基本的に「エネルギー（カロリー）」「タンパク質」「脂質」「炭水化物」「食物繊維」「糖質」「ナトリウム」などが記載されています。

　これを見ることで、食品にどれくらいの「タンパク質」「糖質」「脂質」が入っているのかがわかります。

　フードチョイスの基本ルールを踏まえて栄養成分表示を見ると、糖質量の多さに気づいたり、タンパク質の少なさに気づいたり、食品の知識が増えていきます。

　知識が増えると、食べても大丈夫なものと、太りやすいものが理解できます。理解できればその知識は一生ものです。あなたにとってダイエットの成功だけでなく、リバウンドしないための強力な武器にもなります。

　はじめこそ慣れないかもしれませんが、ゲーム感覚で楽しみながら栄養成分表示を見るようにしてみてください。

　ただ、栄養成分表示にはややこしいところがあるので、押さえておいてほしいポイントをいくつか説明します。

糖質表示の見方

　まず、「糖質〇g」と表示されている場合は、「この食品には糖質が〇g入っている」と思ってください。

　気をつけないといけないのが、「糖質」の記載がなくて、「炭水化物〇g」

「食物繊維〇ｇ」と記載されているものです。このときは、**炭水化物から食物繊維を引いてください。その引いた数字が糖質量**になります。

　下の豆乳の栄養成分表示を例にあげると、炭水化物 6.4g、食物繊維 3.2g と記載されています。この糖質量は、
　炭水化物 6.4g—食物繊維 3.2g＝3.2g になります。

■豆乳の例
栄養成分表示（200ml あたり）

エネルギー	109kcal
タンパク質	8.2g
脂質	6.2g
炭水化物	6.4g
食物繊維	3.2g
ナトリウム	0.17g

　糖質も食物繊維も表示がなく、炭水化物しか表示していない場合は、食物繊維がほとんど含まれていないと考えて、炭水化物の量を糖質の量としてください。

「糖類ゼロ」と「糖質ゼロ」の違い

　ここで知っておいてほしいのが、「糖類ゼロ」という商品は「糖質ゼロ」**ではない場合が多い**ということです。
　糖類の代表的なものは**ブドウ糖、乳糖、果糖、麦芽糖**などです。その他のオリゴ糖、でんぷん、キシリトール、マルチトール、スクラロース、アセスルファムＫなどは糖類には含まれません。
　なので、糖類に属さない糖質が入っていても、「糖類ゼロ」と表示して問題ありません。例として糖類ゼロチョコレートの栄養成分表示を例にあげてみましょう。

■糖類ゼロチョコレートの例
栄養成分表示（10gあたり）

エネルギー	57kcal
タンパク質	0.8g
脂質	5.0g
糖類	0g
ショ糖	0g
糖質	3.9g

　「糖類ゼロ」の商品は確かに「糖類0g」ですが、糖質を含んでいることが多いので、糖質の栄養成分表示、もしくは炭水化物と食物繊維の数字をしっかり把握することが大切になってきます。
　この例の「糖類ゼロチョコレート」のように、「糖類ゼロ」と謳っている商品でも、実際には3.9gの糖質が入っています。
　意地悪な見方になってしまいますが、「糖類ゼロ」と商品に記載することで、消費者に「太りにくいものなんだ」と思い込ませるような、企業の戦略が見え隠れします。

　このように、「糖類ゼロ」を「糖質ゼロ」と勘違いして、安心してたくさん食べていると、気づいたら糖質をたくさん摂っていて太ってしまうこともあり得ます。
　そうならないように「糖類ゼロ」と「糖質ゼロ」の違いをしっかり認識しておいてくださいね。

内容量と栄養成分表示の分量の違い

　間違えやすいのが、食品の内容量が125gあるにもかかわらず、100g中の栄養成分表示で表示されている場合です。
　こんなときは、25g分を足して、内容量125gに再計算し直してください。そうするとその食品を食べたときの正確な栄養成分表示がわかります。
　缶詰のチキンカレーを例にあげてみます。

■缶詰チキンカレーの例
栄養成分表示（100g あたり）

エネルギー	170kcal
タンパク質	9.1g
脂質	12.2g
炭水化物	6.0g
ナトリウム	550mg

　この商品は内容量 125g なのですが、栄養成分表示では 100g 中の栄養成分表示として記載されています。
　実際の内容量は 125g なので、1.25 倍として栄養成分表示を再計算すると、

エネルギー	213kcal
タンパク質	11.3g
脂質	15.2g
炭水化物	7.5g
ナトリウム	687mg

になります。
　内容量 200g のものが、栄養成分表示では 100g あたりで記載されていることもあります。
　100g あたりの栄養成分表示を内容量 200g の数値と勘違いして全部食べてしまうと、2 倍のカロリー、糖質、脂質を摂取してしまうことになるので、くれぐれも気をつけてくださいね。

COLUMN 3

宿便が出たらやせる？

　ダイエットトレーナーをやっていると、たびたび「宿便が出たらやせますか？」という質問を受けます。

　やせることを「体重が減ること」と定義するなら、体から何かが出れば体重は減るので、やせたことにはなります。ただ、それでは意味がありません。

　やせることの本来の目的は、「体脂肪を減らす」ことです。もちろん、体重と体型にはある程度の相関関係があります。しかし、体型を変えるときの指標として体重にこだわりすぎると、手段が目的に変わってしまうように、おかしな方向に進んでしまいます。

　それを踏まえて「宿便」について言うと、そもそも宿便というのは医学用語ではなく、定義も曖昧なものです。

　ダイエットやファスティング（断食）でよく言われるのは、「腸壁にこびりついている便」という定義ですが、そもそも腸壁は新陳代謝で日々剥がれ落ちていくので、便がこびりついた状態のままとは考えづらいのです。

　「断食しているのに便が出るのだから、それは宿便だ」と考える人も多いようですが、本当でしょうか？

　私たちの便には、食品の食べカスだけでなく、剥がれた腸粘膜や腸内細菌、その死骸も含まれます。なのでファスティングで便が出るのは、特別なことではありません。とくにファスティングを長くすると、腸内細菌が餓死してその死骸がたくさん排泄されるということになります。

　腸内に生息する細菌は重さにして1〜1.5kgほどと言われています。仮にすべての腸内細菌が餓死して排泄されれば、体重は間違いなく軽くなります。

　ただし、これは体脂肪が1kg減ったわけではありません。サウナで汗をたくさんかいた後に体重計に乗れば、汗の水分量の体重が減っているのと同じ理屈です。

　宿便が出ればやせるというのは、体重は落ちても体脂肪は燃えていないということです。ですから、ファスティングをダイエット目的で行なうというのは、私はあまり理にかなっていないと考えています。

4章

実践!
フードチョイスをしてみよう

1 お勧めの食材・調味料・調理方法とは？

　3章では太るメカニズム、やせるメカニズム、食べ物の３大栄養素、ダイエットするためのお勧めの食事法である低糖質、高タンパク質、良脂質の食品を選んでしっかり食べる、フードチョイスについて知っていただきました。
　この４章では、フードチョイスの具体的な実践方法を書いていきます。
　その前にお勧めの食材や調味料、調理方法をご紹介しましょう。

お勧め食材

●タンパク質

【肉・魚介類】

　肉や魚は積極的に食べましょう！
　（鶏肉、豚肉、牛肉、魚、貝、タコ、イカ、エビ　など）
　注意点）フライなどの衣（小麦粉）をつける料理は糖質が多くなるだけでなく、余分なカロリーも摂ってしまうのでＮＧです（天ぷら、トンカツ、アジフライなど）。

【卵】

　卵はほとんどの栄養素が入っているのでお勧めです。１日２〜３個は食べましょう！
　「卵を食べすぎるとコレステロールが上がって動脈硬化になるから、１日１個までしか食べてはいけないのでは？」と気にする人もいると思いますが、大丈夫です。
　厚生労働省も2015年に「日本人の食事摂取基準」で、「食事におけるコレステロールの摂取量に関して上限値を撤廃する」と発表しています。

これは、「食品からコレステロールをたくさん摂っても、心臓や血管への悪影響は考えられない」ということを意味します。ですので安心して食べてください。

私は1日4個食べますが、コレステロール値も正常です。

【大豆】

豆腐や納豆は食事を1品増やすのにとても便利です！

「もう少し食べたいなぁ」と思ったときに冷奴や納豆をプラスすると、お腹が膨れて満足感がアップするのでお勧めです。

注意点） 食べすぎると意外に糖質量が増えてしまうので、食べすぎには気をつけてくださいね。

●野菜・海藻類

【野菜】

葉物野菜、キノコ類は必須です！

糖質が少ない葉物野菜やキノコ類は、たくさん食べても脂肪になりにくいのでお勧めです。また肉、魚、卵との相性もいいので、一緒に炒めると立派なおかずになります。

注意点） イモ類や根菜類は糖質が多いので控えめにしましょう。

【海藻類】

低糖質なので積極的に食べましょう！

（わかめ、ひじき、海苔、昆布、めかぶ　など）

フードチョイスは低糖質の食事方法なので、どうしても主食から摂る食物繊維が不足します。それで少し便秘気味になってしまう人もいます。

海藻類は食物繊維が豊富なので腸内環境が整うだけでなく、血糖値の上昇を抑える働きもあるのでお勧めです。

注意点） ひじきの煮つけなどの味つけで、砂糖やみりんなどの糖質の多い調味料を使うと思います。そのときに、砂糖の代わりに「ラカントＳ」という血糖値を上げない、健康にも安心な人工甘味料を使うのもお勧めです（ラカントＳに関しては後述します）。

●脂質
【ナッツ類】
　1日に10粒程度を目安に食べましょう！
（クルミ、アーモンド　など）
　クルミにはダイエット効果が高く、健康にもいいオメガ3という良質な脂質がたくさん含まれています。
　アーモンドは抗酸化作用もあって、ビタミンEも豊富なのでアンチエイジングにも効果を発揮してくれます。
　ナッツ類は満腹感もあるのでお勧めです。
【乳製品】
　チーズはお勧め！　牛乳やヨーグルトは控えめに。
　チーズは糖質がほとんど入っていないのでお勧めです。小腹がすいたときに食べるといいでしょう。
　意外かもしれませんが、牛乳やヨーグルト（プレーン）には乳糖という糖質が多く入っています。味がついているヨーグルトは砂糖も入っているので、さらに糖質が多くなります。牛乳やヨーグルトは控えめにしてください。
　ちなみに牛乳100ml（コップ半分）、ヨーグルト100gで約6gの糖質が入っています。

お勧め調味料

　お勧め調味料を紹介する前に、まず糖質量の多い調味料を知ってください。それは、ソース、ケチャップ、カレーのルー、シチューのルー、日本酒、みりんなどです。
　これらの調味料を使いすぎてしまうと、お勧め食材を食べていても糖質の摂りすぎになってしまいます。
　お勧め調味料は、醤油、味噌（できれば白味噌以外）、塩、酢、カレー粉、わさび、カラシなどです。また「マジックソルト」や「クレイジーソルト」は食品の素材の味を美味しく引き出してくれるのでお勧めです。
　調理油はごま油やサラダ油、紅花油でもいいのですが、これらの油を摂りすぎると健康によくないので、できる範囲でエキストラバージンオリー

ブオイルを使いましょう。

　そして、砂糖は血糖値を上げない「ラカントＳ」で代用するのがお勧めです。ラカントＳは砂糖と同じ分量で砂糖と同じ甘さになるので調理に便利です。

　ラカントＳは人工甘味料ですが、国連の食糧農業機関（FAO）、世界保健機関（WHO）などの複数の公的機関が、安全性が高く、妊娠中に摂取しても問題ないと公表しているので、安心して使用してください。

お勧め調理方法

　食品の素材を活かした炒め物が一番お勧めです。調理時間も短くてすみます。

　また、シリコンスチーマーを使えば、レンジで加熱するだけで簡単に蒸し料理ができるのでお勧めです。もちろん、ゆでたり煮込んだりしても大丈夫です。

　シリコンスチーマーはシリコン素材でつくられた器で、スーパーなどのキッチン用品売場で手軽に手に入ります。

　ただ、煮込み料理はどうしても糖質の多い調味料を使う量が増えやすいので、調味料の量は意識してください。

　煮込み料理の砂糖の味つけをラカントＳに代えるのもＧＯＯＤです。

2 コース別 フードチョイスの具体的な食事例

　それでは、フードチョイスの具体的な朝食と昼食の食事例をご紹介しましょう。

　まず、朝食は凝りすぎずにメニューを固定してしまったほうが手軽です。理由として、朝は忙しい人が多いからです。凝ったものより決められたメニューのほうが、つくるのが面倒にならず、しっかりと食べることができますからね。

　事実、B3(ビースリー)ダイエットのクライアントの方のほとんどが、1〜2パターンの朝食メニューにされています（もちろん、料理が得意で毎日違ったものが食べたい人は、凝った料理をつくってもかまいません）。

　では、お勧めしたい朝食のパターンをコース別にご紹介します。

朝食

[普通・急行コース]
○サラダ、目玉焼き、ハム＋食パン1枚（6枚切り）
○サラダ、卵焼き、味噌汁＋白米お茶碗半分

[新幹線コース]
○サラダ、目玉焼き、ハム＋低糖質パン（※）
○サラダ、オムレツ（納豆を入れるのもお勧め）＋低糖質パン

※低糖質パンとは、小麦ふすま粉や大豆粉を使った低糖質のパンです。以前はインターネットでしか買えませんでしたが、最近ではコンビニなどでも手軽に購入できます。

　バターロール1個あたり125キロカロリー、糖質18g、タンパク質4g

4章 ● 実践！ フードチョイスをしてみよう

朝食のお勧めおかず例

※「新幹線コース」の人用（「普通・急行コース」の人は、低糖質パンの代わりに食パン1枚<6枚切り>か、白米半膳<お茶碗半分>にすればOK）

- 低糖質パン
- サラダ
- 低糖質パン
- ハム
- 納豆オムレツ
- ペッパービーフ（コンビニ）
- 目玉焼き
- サラダ
- ワカメスープ
- コーヒー

（朝、しっかり食べたい人向け）

に対して、低糖質パンは1個あたり60～70キロカロリー、糖質2～3g、タンパク質6～7gです。

糖質は9分の1、タンパク質も1.5倍、カロリーは半分です。

これなら、低糖質パンを2個食べても、バターロール1個食べるよりお勧めです。

昼食

次に昼食の例です。昼食はお弁当、外食、コンビニのパターンをご紹介します。

食事内容は、肉、魚、卵料理のメインのおかずに、サラダや野菜炒め、小鉢（ひじき、ホウレン草の和え物など）などがお勧めです。

味噌汁やコンソメスープのような汁ものがあると満腹感が出ます。

そして「普通・急行コース」の人は、白米の量はお茶碗半分。

「新幹線コース」の人は、ご飯を冷奴に代えるか、1品おかずを増やすのがお勧めです。

お弁当のお勧めおかず例

- 焼きサケ
- サラダ
- ひじきの煮物
- 卵サラダ（マヨネーズ）

- 生姜焼き
- ゆで卵
- ひじきとおからの和え物
- 大豆（水煮）とツナのサラダ
- サラダ

●お弁当例

[普通・急行コース]

・メインのおかずは魚、肉、卵料理

・白米はお茶碗半分

・サラダ or 野菜炒めなど

・可能な人は味噌汁

[新幹線コース]

・メインのおかずは魚、肉、卵料理

・ご飯の代わりに冷奴1膳

・サラダ or 野菜炒めなど

・可能な人は味噌汁

●外食

　外食の人は定食屋さんがお勧めです。とくに一品料理を選んで取れるお店は最高です。

4章 ● 実践！ フードチョイスをしてみよう

お勧め定食例①

● サンマ定食

● 刺身定食

● ゴーヤチャンプルー定食

● 焼きサケ定食

- 生姜焼き定食
- 牛タン定食

　「普通・急行コース」の人は、ご飯の量は半膳（お茶碗半分）にしてください。「新幹線コース」の人は、ご飯を食べずに冷奴に代えたり、小鉢（ひじき、ホウレン草の和え物など）などのおかずを1品増やすのがお勧めです。

●コンビニ
　コンビニ店も、選べばダイエットをしている人でも意外に食べられるものがたくさんあります。やはり、肉、魚、卵をメインに選んでください。

［お勧めコンビニ食材例］
　焼き鳥、サラダチキン、鶏肉の惣菜、イカの惣菜、鮭、豚の生姜焼き、ペッパービーフ、スモークタン、サラダ、ゆで卵、おでん、低糖質パン、素焼きのクルミなどがお勧めです。

3 フードチョイスの夕食お勧めレシピ10

　夕食は、仕事が終わり、1日の中でもホッとひと息ついてゆっくり食事が楽しめる人が多いと思います。
　そこで、ダイエットに効果的なフードチョイスレシピを紹介しましょう。
　お好きなレシピで、楽しみながら食べていただけると幸いです。

　ダイエット中は、夕食だけはフードチョイスの「新幹線コース」の人も、「普通・急行コース」の人も、主食を抜いてください。
　なぜなら、夜は日中に比べて活動量が少なくなり、カロリーが消費されにくいのと、糖質が体内で蓄積されやすく、脂肪になりやすいからです。

　はじめこそ少しもの足りなく感じられるかもしれませんが、1週間もすれば慣れます（Ｂ３ダイエットのクライアントの方のほとんどが、1週間で慣れるとおっしゃっています）。
　夕食のイメージは、主食を抜く代わりに、おかずでお腹をいっぱいにして、楽しんで食べる感じです。
　また、味噌汁やコンソメスープなどの汁ものを一緒に摂ると腹持ちがよくなり、満腹感を感じやすくなるのでお勧めです。

キノコとサケのレンジ蒸し

1人分／調理時間約10～15分

材料

サケ（切り身）	120g
しいたけ	2個
エノキ茸	1/2束
◆醤油	大さじ1/2杯
◆酒	大さじ1杯
◆ラカントS	小さじ1/2杯
塩、コショウ	少々
オリーブオイル	小さじ1杯
バター	5g

つくり方

1. サケに軽く塩、コショウをする
2. しいたけ、エノキ茸は根元を切って洗い、好みの大きさに切る
3. 味つけ用の調味料の◆を混ぜる
4. 耐熱容器にオリーブオイルをひき、サケ、しいたけ、エノキ茸を乗せる
   3で混ぜた調味料をかけて、最後にバターを乗せて軽くラップをする
5. 4の耐熱容器をレンジに入れて加熱する
   500W 5分半／600W 4分半
   ※サケの火の通り具合を見て時間を調節する
6. レンジから取り出せば完成！

豚肉のレンジ蒸し

1人分／調理時間約10～15分

材料

豚もも肉（しゃぶしゃぶ用）	150g
しめじ	1/2袋
キャベツ	150g
コンソメ顆粒	小さじ1杯
酒	大さじ2杯
塩	少々
黒コショウ（あらびき）	少々

つくり方

1. キャベツを洗って5cmくらいにざく切りする
   しめじを洗って根元を切り、バラバラにする
2. 豚肉をひと口大に切る
3. 耐熱容器にキャベツ、しめじ、豚肉を重ねて入れ、塩を振りかける
   コンソメ顆粒、酒を入れて軽くラップをする
4. 3の耐熱容器をレンジに入れて加熱する
   500W 6分半／600W 5分半
   ※豚肉の火の通り具合を見て時間を調節する
5. レンジから取り出し、最後に黒コショウをかければ完成！

4章 ● 実践！ フードチョイスをしてみよう

八宝菜

1人分／調理時間約 10～15 分

材料

豚ロース肉（スライス）	50 g
エビ（ボイル）	50 g
ホタテ（ボイル）	50 g
◆タマネギ	50 g(1/4個)
◆ピーマン	2 個
◆ニンジン	40 g
ブロッコリー	1/4 個
オリーブオイル	小さじ1杯
塩、コショウ	少々

つくり方

1. ◆の野菜を洗い、好みの大きさに切る
2. ブロッコリーは洗ってから根元を切り、小房に切って濡れたまま耐熱容器に入れ、塩をひとつまみかけ、軽くラップをしてレンジで加熱する
   500W 3分程度／600W 2分半程度
3. 熱したフライパンにオリーブオイルをひき、◆の野菜、ブロッコリー、エビ、ホタテ、豚肉を入れて炒める
4. 塩、コショウして味を整えたら完成！

豚肉とホウレン草ともやしのボイル

1人分／調理時間約 10～15 分

材料

豚もも肉	150 g
もやし	1 袋
ホウレン草	1 束
酒	1/2 カップ
塩	小さじ1杯
ポン酢	お好みの量
七味唐辛子	お好みの量

つくり方

1. ホウレン草を洗って3等分に切る
   もやしは洗って水切りをする
   豚もも肉は3～4cmに切る
2. 鍋にたっぷりの水を入れて火にかけ、沸騰したら酒、塩を入れる
3. 湯がフツフツしてきたら、豚肉を入れる。肉が浮いてきて色が変わったらもやしを入れる。再度、フツフツしてきたらホウレン草を入れる。またフツフツしてきたら全部一緒にザルにあける
4. 水気を切り、ボールに入れて熱いうちにポン酢で和えれば完成！
   お好みで七味唐辛子もどうぞ！

ブリの煮つけ&ニラ・もやし炒め

1人分／調理時間約10〜15分

材料

ブリ（切り身）	1切れ
◆みりん	大さじ1/2杯
◆酒	大さじ1杯
◆ラカントS	大さじ1杯
◆醤油	大さじ1杯
◆水	50cc
ニラ	50g
もやし	100g
塩、コショウ	少々

つくり方

〈ブリの煮つけ〉
1. 鍋に◆の調味料を入れて、煮立たせてからブリを入れる（中火）
2. 再度、煮立ったら落とし蓋をして弱火にして煮る
3. 1と2の工程でトータル15分煮たら完成！

〈ニラ・もやし炒め〉
1. ニラを4〜5cmくらいに切る
2. フライパンにオリーブオイルを入れて温めてから、ニラともやしを入れる
3. 塩、コショウをして味を整えながら炒め、火が通ったら完成！

牛肉とエリンギ・ピーマンの甘辛炒め

1人分／調理時間約10〜15分

材料

牛もも肉切り落とし	150g
ピーマン	2個
エリンギ	2本
にんにく	1片
しょうが	10g
醤油	大さじ1杯半
ラカントS	大さじ1杯
すりごま	少々

つくり方

1. お湯を沸かした鍋に牛肉を入れて、色が変わったらザルにあける
2. フライパンにごま油を少しひき、にんにくを入れてからエリンギ、ピーマンを入れて炒める
3. ある程度火が通ってきたら牛肉、しょうが、醤油、ラカントS（砂糖の代わり）を入れて煮からめる
4. お皿に盛りつけ、最後にすりごまをかければ完成！

鶏肉とホウレン草ときくらげの炒め物

1人分／調理時間約 10〜15 分

材料

鶏もも肉	100 g
卵	2 個
ホウレン草	1 束
きくらげ	適量（大 2〜3 枚）
酒	小さじ 2 杯
塩、コショウ	少々
ラカント S	少々
オリーブオイル	小さじ 1 杯

つくり方

1. ホウレン草を洗って 5cm くらいにざく切りする
2. 鶏肉をひと口大に切って塩、コショウ（少々）をしておく
3. 卵にラカント S（少々）、塩、コショウ（少々）を入れてかき混ぜておく
4. 熱したフライパンにオリーブオイルをひき、卵を入れて半熟のいり卵にしてから一度お皿にもどす
5. 鶏肉をフライパンに入れて炒め、色がついたらホウレン草ときくらげを入れて、さらに炒める
6. 卵をフライパンにもどしてラカント S（少々）、塩、コショウ（少々）、酒を入れて味を整えたら完成！

牛肉とキャベツ・茄子炒め

1人分／調理時間約 10〜15 分

材料

牛肉（肩赤身・薄切り）	150 g
キャベツ	100 g
茄子	1 本
しめじ	1/2 袋
塩、コショウ	少々
オリーブオイル	小さじ 1 杯

つくり方

1. キャベツ、茄子、しめじを洗い、ひと口大に切る
2. 牛肉をひと口大に切る
3. 熱したフライパンにオリーブオイルをひき、キャベツ、茄子、しめじ、牛肉を入れて炒め、塩、コショウで味を整える
4. 火が通ったら完成！

糖質０ｇ麺 シーフード塩焼きそば

1人分／調理時間約10〜15分

材料

糖質０ｇ麺（紀文）	１玉
キャベツ	３枚
シーフードミックス（冷凍）	１/２袋(150ｇ程度)
鶏ガラ顆粒	小さじ１杯
酒	大さじ１杯
塩、コショウ	少々
オリーブオイル	小さじ１杯

つくり方

1. 糖質０ｇ麺をザルに出し、流水で洗う
2. キャベツを洗い、好みの大きさに切る
3. シーフードミックスを流水解凍する
4. 熱したフライパンにオリーブオイルをひき、シーフードミックスを入れる
   ※１〜２分フライパンに蓋をして蒸し焼きにすると焦げにくい
5. ある程度火が通ってきたら、キャベツ、糖質０ｇ麺、酒、鶏ガラ顆粒を入れる
6. 糖質０ｇ麺をほぐしながら塩、コショウで味を整えれば完成！

白滝を使った ジャージャー麺

1人分／調理時間約10〜15分

材料

白滝	200ｇ
ゆでタケノコ（パック）	１袋（60ｇ）
鶏むね肉ミンチ	150ｇ
◆醤油	小さじ１杯
◆酒	大さじ１杯
◆ラカントＳ	小さじ１杯
◆味噌	大さじ１杯
◆豆板醤	小さじ１杯

つくり方

1. 白滝を下ゆでしてお皿に盛る
2. タケノコを粗みじん切りにする
3. 味つけ用の調味料の◆を混ぜる
4. 熱したフライパンにオリーブオイルをひき、鶏むね肉ミンチ、タケノコを入れて炒める
   火が通ってきたら、3で混ぜた調味料をかけて、さらに炒める
5. 4の具材を1の白滝の上にかければ完成！

4 ダイエットのための外食の上手な利用方法

　ここでは、ダイエット中の外食の上手な利用方法をご紹介します。
　外食でも、フードチョイスの基本の「低糖質・高タンパク質・良脂質」を意識しながら食事を選んで食べることが大切です。

　一番のお勧めの外食は居酒屋です。居酒屋は単品メニューが豊富なのでフードチョイスにはもってこいです。

居酒屋［評価◎］

[フードチョイスメニュー]

肉…………焼鳥（塩）、チキンステーキ、サイコロステーキ、豚ネギマ串、馬刺し、豚キムチ炒め

魚…………刺身、焼魚（ほっけ、サンマ、鯖など）、イカ、タコの炙り焼き、エイヒレ、ししゃも

卵…………だし巻き卵、茶碗蒸し、とんぺい焼き

大豆製品…枝豆、冷奴、厚揚げ

野菜………海藻サラダ、シーザーサラダ、塩だれキャベツ、キノコ炒め

鍋料理……肉、魚、豆腐、葉物野菜の入った鍋料理はオールマイティです

汁もの……味噌汁、チゲスープ、わかめスープ

沖縄料理…沖縄料理は独特の美味しい単品メニューが豊富なのでお勧めです。ゴーヤチャンプルー、ミミガー、島らっきょう、ラフテー（タレはあまり食べないように注意）、ポークを使った野菜炒め、グルクン（魚）の唐揚げ、スンシーイリチー（メンマの炒め煮）など

焼肉屋［評価○］

[フードチョイスメニュー]
肉類………甘いタレは少しにして、塩味で楽しむとベリーグッド！
野菜………サラダ類（海藻、豆腐、シーザー）、焼野菜（キノコ、葉物）、ナムル
スープ……わかめスープ、卵スープ、テールスープ、チゲスープ

　白米はフードチョイスのコース別で調整してください（「普通・急行コース」でランチなら１膳より少なめ、できるなら半分にしてください。ディナーなら食べない）。※ビビンバや冷麺はＮＧ

定食屋［評価○］

　焼き魚、刺身定食、生姜焼き定食などを選び、白米はフードチョイスのコース別で調整してください（「普通・急行コース」でランチなら１膳より少なめ、できるなら半分にしてください。ディナーなら食べない）。その代わり、冷奴や茶腕蒸しなどを単品で追加して食べるのがお勧めです。

しゃぶしゃぶ店［評価○］

　しゃぶしゃぶの豚肉、葉物野菜はお勧めです。白米はフードチョイスのコース別で調整してください（「普通・急行コース」でランチなら１膳より少なめ、できるなら半分にしてください。ディナーなら食べない）。

ファミリーレストラン［評価○］

　肉料理のステーキ、定食（刺身、生姜焼き、焼魚など）、サラダ、ホウレン草の炒め物などはお勧めです。白米はフードチョイスのコース別で調整してください（「普通・急行コース」でランチなら１膳より少なめ、できるなら半分にしてください。ディナーなら食べない）。
　ポテト、パスタ、サンドイッチなどはＮＧです。

鉄板焼店［評価○］

　お好み焼き、焼きそばなどの小麦粉を使った粉物はNGですが、ステーキ、キノコ炒め、イカ炒め、肉野菜炒めなどはお勧めです。

イタリアン［評価△ or ×］

　肉料理、魚料理、サラダはお勧めですが、パスタ、ピザ、パエリアなどは糖質が多く、タンパク質がほとんど入っていないのでNGです。

中華料理店［評価△ or ×］

　中華は残念ながらあまりお勧めではありません。ラーメン、チャーハンなどは糖質が多いからです。

　意外ですが、餃子、シューマイ、春巻などの皮にも糖質が多く入っています。また味つけでとろみをつけるために片栗粉（糖質が多い）を使用していたり、砂糖で甘辛くしているメニューが多いので、ダイエット中はNGです。

　バンバンジー、野菜炒め、海鮮炒め、肉炒めはお勧めです。

ラーメン屋・うどん屋・そば屋［評価×］

　麺類がメインの店はどうしても糖質が多いので、お勧めではありません。サイドメニューもほとんどは糖質が多いため、ダイエット中はNGです。

　どうしても断れないつき合いのときはしかたがありませんが、もし選べるのなら、血糖値の上昇が緩やかな低GI食品の「そば」がお勧めです。

ファストフード店［評価×］

　ハンバーガーやポテトは糖質が多いだけでなく、脂質も多いのでダイエット中はNGです。またよくない油を使っている可能性もあるのでお勧めできません。

カレーライス店［評価×］

　カレーライスは、糖質も脂質も多いのでダイエット中はNGです。またサイドメニューも衣がついた揚げ物が多いので、お勧めできません。

寿司屋[評価×]

　寿司はネタの魚はフードチョイス的にはいいのですが、シャリが白米なのでダイエット中はNGです。

　店の評価でいろいろと驚かれたこともあったと思いますが、外食でも食品を選んで食べるフードチョイスができるところが案外多いのです。
　もちろん、主食がメインの外食はNGになってしまいますが、ダイエット中でも上手に外食を利用すれば、ダイエットは成功します。ぜひ外食も活用してください。

[豆知識] 残念ながら、大手外食チェーン店は糖質が多く入っているところが多いのです。ラーメン、牛丼、カレーライス、ファストフード、回転寿司、うどん、ピザ、パスタなどなど。
　これはコストが関係していると言われています。
　炭水化物の原材料費はとても安いので、たくさん使うことで利益率が高くなります。
　また食材として傷みにくいので、保存がききやすいというメリットもあると言われています。

5 ダイエットに有効な ワンポイントテクニック

　具体的なフードチョイスの実践方法がおわかりいただけたと思います。
　次に基本のフードチョイスをしていく上で、よりダイエットに有効な、お勧めのワンポイントテクニックを3つご紹介します。
　その3つとは、
①よく噛んで食べる
②海藻類、キノコ類、葉物野菜などを先に食べる
③プロテインからタンパク質を摂る
ということです。では、それぞれ説明していきましょう。

①よく噛んで食べる

　食べ物をよく噛んで食べると、脳からヒスタミンという成分が出ます。このヒスタミンが脳全体に行き渡ると、脳の満腹中枢が刺激されて満腹感を感じやすくなります。このことから、食べすぎを防いでくれます。
　また、内臓脂肪が燃えやすくなるという嬉しいデータもあります。

　そこでお勧めの食べ方は、
・口に食べ物を入れたら、30回噛むまでは飲み込まない
・口に食べ物を入れたら、箸を置く
・噛んでいるときに水で食べ物を流し込まない
ということです。

　私が太っていたときは、早食いであまり噛みませんでした。あまり噛まなかっただけでなく、まだ口の中に食べ物があるのに、新たに食べ物を口

に入れて、押し込むように食べていました。

　さらに、口の中にある食べ物を水で流し込むように食べてもいました。ですからカレーライスなどはほとんど噛むことなく、口に入るだけ押し込んで水で流し込むという食べ方だったのです。

　この食べ方では満腹中枢が刺激されないので、平気で大盛りカレーライスを食べることができます。今考えると、太るはずですよね。

②海藻類、キノコ類、葉物野菜などを先に食べる

　これらの食品には食物繊維がたくさん含まれています。食物繊維が多いと、食べ物の消化吸収を遅くしてくれます。

　このことにより、たくさんの栄養素が一気に体に取り込まれることがなくなるので、血糖値の上昇も緩やかになり、太りにくくなるというメリットがあります。

　そこで食べる順番としては、
1　海藻類、キノコ類、葉物野菜を先に食べる
2　肉、魚、卵などのタンパク質を食べる
3　最後に主食などの糖質を食べる

　この方法が、最近メディアで取り上げられるようになった「食べる順番を変えるだけでダイエットできる」方法です。

　ただ、この方法は有効ですが、いくら食べる順番を変えたからといって、量をたくさん食べたり、お菓子などを食べては意味がありません。

③プロテインからタンパク質を摂る

　フードチョイスをする上で、「タンパク質は1日、体重×1.5〜2gを目安に摂りましょう」とお伝えしました。

　仮に体重が50kgの女性でしたら、1日75〜100gのタンパク質が必要です。

　肉、魚を100g食べると、タンパク質は20gです。75〜100gのタンパク質を摂ろうと思ったら、毎食、肉か魚で150gは食べる必要があります。

食べることが得意な人はいいのですが、女性はこの量の肉や魚を食べられない人も多いのです。
　そこでお勧めなのが、プロテインです。
　プロテインとは簡単に言うと、消化吸収の速いタンパク質の粉を水でシェイクしてドリンクにしたものです。スタンダードなプロテイン１杯で約20gのタンパク質が摂れます。
　ですので、食事だけでタンパク質を摂ることが大変な人は、プロテインを飲むと効果的なので、ぜひ活用してください。

　プロテインと言うと、ボディービルダーやアスリートなど一部の人しか飲まないものと思っている人が多いと思います。また、筋肉増強剤のようなものと勘違いしている人も多くいます。
　プロテインは、特別なものでも何でもありません。効率的にタンパク質を摂ることのできる飲み物です。安心して飲んでください。

　ただ、プロテインと言っても、大豆が主成分のソイプロテインや乳清が主成分のホエイプロテインなどいろいろあります。どれが悪いということはないのですが、総合的に考えると、まずはホエイプロテインを飲んでみるといいと思います。
　今は昔と違って、水に溶けやすく美味しいプロテインがたくさん出ています。コスパを考えると、ドラッグストアやスポーツ用品店より、インターネットで買い求めるほうがお勧めです。「プロテイン　人気」と検索してホエイプロテインを探してみてください。思っている以上に美味しいですよ。

　フードチョイスの基本を押さえつつ、これら３つのワンポイントテクニックも使うと、よりダイエット効果が高まるので、参考にしてください。

COLUMN
4 ビタミンとミネラルも大切です！

　ダイエットをしていく上で３大栄養素は重要ですが、３大栄養素の働きを助けてくれるビタミンとミネラルも大切な栄養素です。ダイエットの効果を高めてくれるだけでなく、体の調子も整える大切な働きをしてくれます。
　ビタミンとミネラルの働きをざっと説明すると次のようになります。
[ビタミン]
・３大栄養素の代謝を助けてくれる
・皮膚、血管、骨などの健康維持をしてくれる
・老化の原因になる活性酸素を抑えてくれる
[ミネラル]
・骨や歯などの材料になる
・生体機能を調整する（体液のｐＨ、浸透圧の調整、神経や筋肉の働きを助けるなど）
　ビタミンとミネラルを適切に摂取すると、Ｂ３ダイエットとしても次のようにたくさんのメリットがあります。
・筋肉が育ちやすくなる
・脂肪燃焼がアップしやすくなる
・疲れが取れやすくなる
・免疫力がアップして風邪をひきにくくなる
・老化を防ぎやすくなる
　では、ビタミンやミネラルはどんな食品に多く含まれているかと言うと、フードチョイスでお伝えした肉や魚介類、ナッツ類に豊富に含まれています。また、海藻類（わかめ、昆布、ひじき）、キノコ類、野菜（小松菜、ホウレン草、ブロッコリー、ピーマンなど）にも多く含まれています。
　ただ実際には、食品だけでダイエットや体づくりに必要な量のビタミン・ミネラルを十分に摂ることはむずかしい、というのが本音です。
　ですので、私はマルチビタミン＆ミネラルのサプリメントを摂取することをお勧めしています。飲むタイミングは食後がお勧めです。

5章

B3ダイエット流 リバウンド対策

1 リバウンドしないダイエットの本当のゴールを目指す

リバウンドのきっかけは？

　これまで、ダイエットを成功させるためにＢＩＧ３（ビッグスリー）の筋肉を鍛える重要性、筋肉トレーニングの方法、食品を選んでしっかり食べるフードチョイスの重要性や具体的な食事の摂り方をお伝えしてきました。

　これらを続けていけば健康的に体脂肪が減り、スタイルもよくなって、ダイエットが成功します。

　この章ではその後のこと、ダイエット成功後に多くの人が経験するリバウンドについてお伝えしていきます。

　ダイエットが成功すると嬉しいし、周りからは「やせたね〜」「キレイになったね〜」「カッコよくなった！」など自己重要感が満たされる言葉をかけてもらえて、自信がつきます。これはダイエットが成功したご褒美なので、しっかりと味わってください。

　ただし、ここからが重要です！

　ダイエット成功後しばらくすると、周りの人はしだいにやせてキレイになったあなたに見慣れて、自己重要感を満たしてくれるようなことをあまり言ってくれなくなります。

　すると気が緩み、「今日くらいは筋トレをしなくてもいいだろう」「たまには美味しいものを目いっぱい食べても大丈夫」と少しずつダイエットしていたときの集中力が薄れはじめ、続けていた筋トレや食事への注意をサボりがちになります。

　誤解があるといけませんが、ストイックにダイエットをずっと続けなさ

いということではありません。たまに筋トレをしない日や、食べたいものを好きなだけ食べる日があっても大丈夫です。すぐには太りませんし、体型も変わりません。

ただ、たまにと思っていたはずの日が、1日また1日と増え、しだいに「運動や食事に気をつけなくても大丈夫な気がする」と勝手な解釈が始まると、さあ大変。

リバウンドする入り口に片足が入っている状態です。

なぜなら、筋トレをせず、フードチョイスもせずに食べたいものを食べたいだけ食べれば、誰でもリバウンドしてしまうからです。

見事に筋骨隆々だったシュワルツェネッガーでさえ、カリフォルニア州知事時代は筋肉が落ち、体はたるみ、お腹が出ていました。恐らく多忙とストレスで、筋トレと食事のコントロールが疎かになったせいで、体型が崩れたのだと思われます。

（しかし現在は体をつくり直して、再び筋骨隆々の体で俳優として活躍されています）

「緩める」「抑える」のメリハリをつける

ダイエットを一時的なやせるためのイベントにしてほしくないのです。ダイエットの成功は通過点です。**本当のゴールはリバウンドしないこと**です。

諸説ありますが、「ダイエット（diet）」の語源は古代ギリシャ語の「ディアイタ（diata）【生活様式（生活習慣）・生き方】」だと言われています。

それだけ普段の生活習慣、生き方が体に現われるのです。

大切なことは、日常生活の中に筋トレとフードチョイスを取り入れ、ストレスを感じることなく、楽しみながら生活することです。

そしてフードチョイスの食事も、ときには食べたいものを食べて、緩めるときは緩める。緩めた後は反対に抑える、というメリハリをつけることがポイントです。

これらのことが当たり前になり、習慣化してしまえば怖いものなしです。あなたはもうリバウンドすることはありません。

私が自己流のダイエットをしていたころは、一時的にやせることはあっても、毎回リバウンドして元の体重以上に太ることを繰り返していました。ところがB３(ビースリー)ダイエットに出会い、40kgのダイエットに成功してからはリバウンドしていません。
　これは私が特別にすごいのではなく、リバウンドしないための習慣を身につけたからです。

リバウンドしないための習慣

　習慣というと大変そうな気がしますが、ダイエットが成功してそのまま３ヵ月も続けば、いつの間にか筋トレもフードチョイスもやることが当たり前になって習慣になります。
　習慣になってしまえばこっちのものです。例えば、毎日お風呂に入るのは当たり前ですよね。誰もお風呂に入ることを大変とは思いません。
　それと同じで、リバウンドしないための習慣を身につけることが大切なのです。

　その「リバウンドしないための習慣を身につける」ために、私が試行錯誤しながら実践してきた方法、クライアントの方にも実践してもらい、効果のあった方法を次項から具体的に紹介していきましょう。

2

リバウンドしない４つのステップ❶
目標と現状を把握する【自己客観視】

目標を紙に書き出す

　リバウンドしない習慣を身につける方法には、４つのステップがあります。このステップを踏んでいけば、意識せずともリバウンドしない習慣が身につきます。

　また、今から説明する方法は、ダイエットするときに使っても大変効果的です。

　ステップ１は、目標と現状を把握することです。

　まず、**自分がどうなりたいのか**という願望を明確にし、目標を立てます。

　次に、その目標に向けて**自分の現状がどういう状態なのか**を客観的に把握します。

　これは１章の「ダイエットが成功する３つのキーポイント」の「目標を決める」ことと重複しますが、リバウンドしないためにも大切なことなので、再度紹介します。

　具体的にどうするのかと言うと、まずはダイエット後の目標を決めて紙に書き出しましょう。

　例えば、
・今の体重をキープするために筋トレを続ける。そして、ときには食べたいものを食べながら、普段はフードチョイスして食事をコントロールする
・今の体重より２kg増えた時点で、またダイエットする
・着られるようになった服をずっと着こなす
・今まで以上にボディーメイクに励む
などなど。

プレッシャーを感じないほうが続けられそうな人は、達成しやすい願望でもいいですし、自分を奮い立たせたほうが続けられそうと思えば、高い目標でもOKです。
　あなたが心からなりたい願望を、恥ずかしがらずに本音で正直に書き出してください。

自然体の自分を写真撮影する

　次に、現状を把握しましょう。
　まずは基本の体重、体脂肪率、ウエストを計測しましょう。
　体組成計（体重計）に乗って体重、体脂肪率を計測し、ウエストサイズをメジャーで計測して紙に書き出してください。
　そして体型のチェックをしましょう。
　体型のチェックを鏡で行なうと、自分の都合のいい状態を無意識につくり出すことがあります。
　例えば、お腹をへこませたり、いい姿勢をつくったり、顔をつくったり等々。これでは正確で客観的な評価ができません。
　そこでお勧めなのが、写真に撮ることです。セルフタイマー機能を使ってリラックスした状態で撮影します。
　インカメラで撮影すると、鏡と同じように自分のいい状態をつくり出してしまうので、あえてアウトカメラで撮影してください。もちろん、家族や友だちなど撮影してくれる人が近くにいるなら、お願いするのもOKです。
　自然体の自分を撮影することで、普段、他人から見られている状態に近づくので、正確な評価ができるようになります。

体重・体脂肪率を1日1回、同じタイミングで測る

　これで目標の願望と現状が把握できました。
　ここで立てた目標に近づくために、現状を日々確認することが目標達成のキーポイントになります。そのために毎日、体組成計に乗って、体重や体脂肪率を測ってください。

目標と現状を把握する 【自己客観視】

毎朝、起きてトイレに行った後に体重計に乗ってください。体重と体脂肪率をカレンダーやスマートフォンに記録して現状を把握しましょう！

　体重、体脂肪率は1日1回、同じタイミングで測ると、条件がそろって正確な判断ができます。私がお勧めするタイミングは、起床してトイレに行った後です。このタイミングで測ると条件が一番そろいやすく、正確な情報として評価できます。

　お風呂上がりや食事、水分を摂った後に測ると、同じ日でも体重が1～2kgはすぐに変わります。これでは正確な情報として評価しにくくなるのでお勧めできません。

　体重や体脂肪率を測る上で一番押さえて置くべきポイントは、**数字の増減に一喜一憂しない**ことです。

　体重や体脂肪率は前日の過ごし方（飲み物を多く飲んだ、食事の時間が遅くなったなど）で簡単に変動します。それは誤差のようなものです。

1週間の平均値で比べる

　そこでお勧めの評価方法は、1週間、毎日計測して体重、体脂肪率の平均値を出すことです。平均値を先週と比べることで、正確な体重や体脂肪

率の変化が把握できるようになります。

　先週と比べて平均値が変わっていなければ、今の食事内容や運動量で太らないと言えますし、増えていれば今のままでは太っていくと言えます。

　このように平均値を比較することで、食事内容と運動量を見直すべきか、的確に判断できるようになります。もし体重が減っていれば、このまま過ごせばダイエットできるということもわかります。

　このように、平均値を使って体重の増減を把握していれば、現状を維持するにしてもダイエットするにしても、あなたのなりたい目標や願望が達成しやすくなり、リバウンドもしなくなります。

失敗経験から学んだこと

　ちなみにＢ３ダイエットをする前の私は、自己流ダイエットでやせると、それに満足して体重や体脂肪率を測らなくなっていました。そして何となく「大丈夫だろう」と日々を過ごし、久しぶりに計測してみたら……言うまでもありません。

　はじめこそショックでしたが、しだいに「もういいや」と開き直って生活が崩れ出し、リバウンドを繰り返していました。

　今の私は、毎朝起きてトイレに行った後に体重と体脂肪率を測っています。そしてその数字をカレンダーに記入しています。

　このように毎日計測して現状の把握を心がけることが、リバウンド対策の第一歩ですので、ぜひあなたもやってみてください。

　今は、スマートフォンのカレンダーにも記録できますし、体重や体脂肪率を管理できるアプリもあるので、そういったものを利用するのもお勧めです。

3

リバウンドしない4つのステップ❷
行動スケジュールを約束する

行動プランの立て方

　ステップ1で目標と現状は把握できました。ステップ2ではその目標に向けて具体的な行動プランを立て、スケジュールを組みます。そして、その目標と行動プランのスケジュールを「他人」と「自分」に約束しましょう。

　まずは、具体的な行動プランを決めます。何をすればいいのかと言うと、ここまでで説明してきたBIG3（脚、背中、胸）の筋トレとフードチョイスの行動プランです。
　筋トレの強度やフードチョイスのコースは、あなたの立てた目標に合わせてコントロールしてください。ダイエットが終わってほっとしている時期だと思うので、続けられそうな範囲で行動プランを決めるのがお勧めです。
　いきなりハードな行動プランを立てると、続けることがむずかしくなってやめてしまう可能性が高くなるからです。できそうなことだと続けやすく、いつの間にか続けることが当たり前になっています。
　私は、この**続けることが当たり前になることこそが習慣**だと考えています。ですから、まずはできそうな行動プランを立ててみてください。

　具体的な行動プランとして、筋トレなら月曜日は脚、火曜日は胸、水曜日は背中、木曜日は脚、金曜日は胸、土曜日は背中、日曜日は休み、といった感じでプランを立てるのがお勧めです。
　これなら1日15〜20分あればできるので、どんなに忙しくてもこのくらいの時間を取れない人はいないと思います。
　そして食事の行動プランとして、例を2つあげておきます。

> **ステップ 2-1** スケジュールを組み、他人と自分に約束する
>
> **今年の目標**
>
> ● 筋肉は命の財産！！
>
> | 筋トレ | | |
> |---|---|---|
> | 月曜日・木曜日 | 脚 | |
> | 火曜日・金曜日 | 胸と腹 | |
> | 水曜日・土曜日 | 背中 | |
>
> ● 休日の1日は食べたいものを食べる
> ● 72kgになったらダイエットをする
> ● 今着ている服のサイズをキープする

(例)冷蔵庫やトイレに自分に約束する目標や行動を紙に書いて貼りましょう。

　1つ目は**曜日でコントロールする**プランです。
　月曜日から金曜日までは、フードチョイスの「普通コース」、土曜日は好きなものを食べて、日曜日は「急行コース」といったように曜日別に行動プランを立てます。
　2つ目は**運動量と食事量でコントロールする**プランです。
　これは例えば、
・筋トレをした日はフードチョイスの「普通コース」
・筋トレをしなかった日は「急行コース」
・会社の飲み会や友だちとの食事会のときは食べたいものを食べて、その翌日は「新幹線コース」
といった感じで、運動量と食事量でメリハリをつけてコントロールするプランです。

　あなたができそうなほうを選んでやってみてください。やってみて合わなかったら、違うプランに変えれば大丈夫です。ポイントはストレスを感

じないように、週に1日は好きなものを食べる日をつくることです。

NGなプランの立て方は、自分が楽すぎる都合のいいプランにしてしまうことです。

約束を宣言することがモチベーションになる

次に行なうことは、ステップ1の目標とステップ2の行動プランのスケジュールを、実行すると約束して「他人」と「自分」に宣言してください。

【他人とは？】

誰に対して約束を宣言してほしいかと言うと、家族、友だち、恋人、上司、部下などです。約束を守れなかったら体裁が悪い、カッコ悪いなぁ、と思う人にこそ宣言してください。

約束したことが守れないと気まずいと思えることが、続けるためのモチベーションになるからです。

そして、約束を守り続けると、嬉しいご褒美がもらえます。それは周り

の人たちがあなたのことを、約束が守れる人として見てくれるようになることです。

　リバウンドしないだけでなく、信頼と信用も得ることができます。ぜひ身近な他人に約束を宣言してください。

【なぜ自分に？】
　約束を実行することを自分にも宣言してください。何も自分には宣言しなくてもいいと思うかもしれませんが、実は他人に宣言するよりも大切なことです。

　なぜなら、他人であれば１日くらい約束を守らなくても、すぐに気づくことはありません。でも、自分だけは約束を破ったことを知っています。これがよくありません。

自尊心をなくすと自分が嫌いになってしまう

　私はメンターとして尊敬している方がいます。あるとき、そのメンターから自分との約束を守ることの重要性を教えていただきました。それ以来、自分との約束を少しずつ守れるようになってきました。

　そのメンターに教えていただいたこととは、次のようなことです。

　「自分との約束だけは、破ったら絶対ダメだよ。なぜなら自尊心が３分の１になっちゃうからね。

　多くの人は、他人との約束はよく守るけど、自分との約束は簡単に破る。自分との約束を破っても人に迷惑をかけるわけではなく、他人は知らないし、気づかないからね。

　でも大切なのは、自分がどうありたいかなんだ。こうありたい自分がいるのに、自分との約束を破ると、どんなに隠そうとしても自分が約束を守れなかった心を隠せなくなる。

　そうすると自尊心が少しずつ失われ、しだいに自分が嫌いになっていっちゃうんだよ。だから自分との約束こそ、優先して守らないとダメだよ」

　このことを教えていただいたおかげで、私はダイエット中も頑張ることができたし、リバウンドをせずにすんでいると思っています。

自尊心が失われると、
「もともと運動が苦手だから、私はダイエットできないんだ」
「意志が弱くて食欲が我慢できないから、私はダイエットできないんだ」
と、あたかも何か他の要因のせいで「自分は変われないんだ！」と、言い訳しやすくなります。
　すると、どんどん自分を信じられなくなり、嫌いになり、悪循環に陥り、リバウンドへまっしぐらです。
　ですので、自分との約束こそ必ず守ってください。自分との約束を守るということは、自然と他人との約束も守ることになります。

　この考えはＢ３ダイエットのクライアントの方にもお伝えしています。
　すると皆さんは、「先生に教えてもらった言葉、何か頑張れる！　ありがとう」と、喜んでくださいます。
　効果絶大ですので、ぜひ参考にしてくださいね。

4

リバウンドしない4つのステップ❸
やらざるを得ない環境をつくろう

1日1日の積み重ねが大きな差になる

　ステップ1と2で決めたことをやり始めたときは、誰でもできます。大切なのは、くどいようですが続けることです。
　ただ、これがむずかしいですよね。
　続けようとは思っていても、生活をしているといろいろなことが起こります。嫌なことも起こるでしょう。様々な誘惑や言い訳が出てくることもあると思います。
　そんなときはついつい、「今日くらいはいいか」と思ってしまうものです。そう思ってしまうことが悪いのではありません。人間は、そう思ってしまうものです。
　そう解釈した上で、**「それでもやる」**ことが続けるコツです。

　「今日くらいはいいか」と思ってやらない人と、「今日くらいはいいか」と思っても「やる」ことを選択した人では、1日の差こそ少ないですが、積み重なったときの差はとても大きいものになっています。
　リバウンドしない習慣を身につけるためには、この「やる」という選択を続けることが大切になります。そのために必要になるのが、「やらざるを得ない環境をつくる」ことです。
　やらざるを得ない環境であれば、「やる」という選択肢を選びやすくなります。そんな「やる」を選択していける環境をつくりましょう。
　ここでは私が実際に行なっていて、クライアントの方にも教えている環境のつくり方をご紹介します。

■[ステップ1で決めた目標を冷蔵庫に貼る。もしくは携帯の待ち受け画面にする]

こうすることで、常に目標が目に入るので、目標を忘れることなく意識づけができて続けやすくなります。

また、冷蔵庫に貼ってあることで、食べすぎの抑止力になります。

■[なぜ、やせようと思ったのか、そのきっかけになった出来事を紙に書いてトイレに貼る]

あなたは何がきっかけでやせようと思いましたか？　そのきっかけになった出来事は、あなたにしかないドラマです。

人に体型のことを言われて悔しかった人もいれば、恋人にフラレたことがきっかけという人もいると思います。私には、どちらも経験があります。

このようなきっかけになった出来事を紙に書いて見直すことで、「今日はいいか」となったときにも心が引き締まり、続けることができます。

また、ダイエット前の自分の写真をその紙に貼ったり、なりたいあこがれの芸能人の写真を貼ったりするのも効果的です。ちなみに私は、太っていたときの等身大パネルを作成して仕事場に置いています。

■テレビの前にダンベルを置く

仕事が終わって家に帰ると、疲れた気分でついテレビを見てしまう人も多いのではないでしょうか。

そんなときでもダンベルが視界に入ると、「今日はまだ筋トレをしていないからやろう」と思えます。また、テレビをずっと見ていると、筋トレをやっていないことに対して罪悪感がわいてきます。

そこでお勧めなのが、「**罪悪感を感じたときは筋トレサイン**」と思うことです。これを合言葉に、少しでいいのでとりあえず筋トレを始めてください。やり始めると不思議にきっちりやりたくなります。

■筋トレする時間を1日のいつにするか決めてしまう

筋トレをする時間を日によって変えていると、イレギュラーなことが

あったときに対応しにくくなります。ですので、あなたの１日の行動の中で、イレギュラーなことがあっても筋トレができそうな時間に、筋トレの予定を入れてしまうことがお勧めです。

例えば、お風呂に入る前や歯磨きする前といった、毎日必ず行なうこととセットにすると続けやすくなります。

■**手帳やカレンダー（スマホでもＯＫ）などに筋トレをする日を記入し、実行したらどんなトレーニングをどれくらいできたかチェックを入れる**

これはステップ２の行動プランのスケジュールを組むことと似ています。ただ、実行したことを記録に残す点が違います。こうすることで、以前の筋トレの強度や回数を今と比べることができます。

以前より筋トレの強度が上がっていれば、よりいい体になっているでしょう。また、「これだけ積み重ねてきたんだ」という事実があなたに自信をつけてくれます。

「環境づくりを制した者はリバウンドを制す」と言っても過言ではありません。ここにあげた例を参考にして、あなたなりの環境をつくってみてください。

自然とやりたくなる状況、やらないと気持ちが悪い状況、罪悪感がわく状況をつくり出すことがポイントです。

最初は窮屈に感じるかもしれませんが、人はいい意味でも悪い意味でも必ず慣れます。

やることが当たり前になったとき、あなたはいつの間にかリバウンドしない習慣を手に入れていますよ。

5

リバウンドしない4つのステップ❹
楽しんで取り組む

マンネリ化を防ごう

　ステップ1〜3をきちんと実行すると、リバウンドしない習慣が続きやすくなります。ただ人間は同じことを繰り返すと、どうしてもマンネリ化してしまうものです。そのときに必要になるのが「楽しむ」ということです。
　正確に言うと、**楽しむための工夫をする**ということです。

　私の地元にオリンピックの金メダル選手を続々と輩出している、女子レスリングで有名な至学館大学があります。そこの練習はもちろんハードなのですが、選手が練習に飽きてマンネリ化することを避けるため、楽しめるメニューになるように工夫しているそうです。
　自分にストイックなレスリング選手たちでもマンネリ化してしまうのですから、私たちがマンネリ化しないわけがないと考えたほうが賢明です。
　そこで、リバウンドしない習慣を身につけるために、楽しみながら続ける方法をご紹介します。
　少し変なネーミングがついていますが、そのくらいバカバカしいほうが意外と続くものです。私のクライアントの方にも、楽しんで取り組めると喜んでいただいています。

■楽しんでやるために【TGPシステム】を使いましょう
　「TGPシステム」とは、「T（てらだいら：私の名前）・G（強引）・P（ポジティブ）システム」の略です。
　頭のTは、私の名前のアルファベットなので、あなたの名前のイニシャルに変えてみてください。

やり方は、
①ネガティブな言葉をあえて言う
②3秒間、間をあける
③自分を強引にポジティブに肯定して褒める
これだけです。
［例］
①ネガティブな言葉をあえて言う
「あぁ、今日は筋トレしたくないなぁ、やめようかなぁ……」
②3秒間、間をあける
③自分を強引にポジティブに肯定して褒める
「と言いつつも、きっちり筋トレやっちゃうんだよな〜！　そんな男だもん、てらだいらは！　さすがだよね〜！」
と、大声で言ってください。

そして「ＴＧＰシステム」は、ドカ食い、キレ食いしそうなときにも効果的です。
［例］
①「あぁ、お腹すいたな〜。もう、どうでもよくなっちゃった。そうだ！食べまくっちゃおう！」
②3秒間、間をあける
③「と言いつつも、ここを乗り越えていけるから、私はスタイリッシュになれるんだよね〜！　すごいね、私！」

バカバカしいですよね。本当にこれで変わるの？　と思う人もいると思います。でも、一度だまされたと思ってやってみてください。不思議と心が前向きになり楽しくなってきますよ。そして鏡を見てください。鏡の中のあなたはニコッと笑っています。
ＴＧＰシステムは、「今日くらいは楽をしようかな？」と思ったときにこそ、「続ける」ことを選択できるシステムです。

■テンションの上がる好きな曲をイヤホンで大音量にして聴きましょう

　疲れて運動したくないときには、テンションが上がる好きな曲をイヤホンで大音量にして聴くだけで、気分が高揚してきます。そうなったらこっちのもの。高揚した気分のまま筋トレをしてみてください。いつの間にかできてしまいます。

　（ちなみに私は、「ロッキー」のテーマ曲を聴くと、すぐにテンションが上がります。あなたが好きな曲でやってみてください）

■やる気が出ないときは「そうじの魔力」を活用すべし

　そうじを始める前は、「やりたくないなぁ」「めんどくさいなぁ」という気分のときってありませんか？

　でも、「とりあえず今日は掃きそうじだけしよう」とやり始めたら、やっている間にどんどんスイッチが入って、やらなくてもいい換気扇のそうじまでやってしまった、というようなことってありますよね。

　これを私は「そうじの魔力」と言っています。

　この方法をトレーニングにも応用しましょう。

［例］

　「今日は疲れているから、筋トレしたくないなぁ。よし、今日はいつもの3分の1だけにしよう」

と、筋トレを始めてください。

　すると、なぜだか筋トレスイッチが入り、

　「ここまできたら全部やっちゃおう！」

という感じで筋トレができてしまいます。

　実際に筋トレをしていると、血流が上がるので体が軽くなってきて動きやすくなるだけでなく、脳からドーパミンという「快」の感情、「意欲」に関わる神経伝達物質が出るので、やる気が出てきます。

　（脳科学的にも「やる気」は、やる前よりもやり出してからのほうが出てくると言われています）

ステップ4 楽しむ

シールでリバウンドを救う作戦

毎朝、昨日の食事を振り返り、いい食事ができたときは青色のシールを、少し食べすぎたときは黄色のシールを、明らかに食べすぎたときは赤色のシールをカレンダーに貼ります
一緒に体重と体脂肪率も記載します

※これはわが家のカレンダーです。

■シールでリバウンドを救う作戦

　シールを使って食事のコントロールをする方法です。

　まず、100均ショップで、赤・黄・青の丸いシールを買います。

　そして毎朝、昨日の食事を振り返り、いい食事ができたときは青色のシールをカレンダーに貼り、少し食べすぎたときは黄色のシール、明らかに食べすぎたときは赤色のシールを貼ります。

　するとカレンダーを見るたびに、色で視覚情報として目に入ってくるので、赤が多ければ気をつけようという意識が働き、青が多いと自信につながってきます。

　また不思議と明日も青色シールを貼りたい気持ちが出てくるので、食べすぎてしまいそうになるときの抑止力になり、食事のコントロールが続きやすくなります。

　この方法は私の娘が小さいとき、トイレトレーニングの一貫で、トイレでおしっこができたときにシールを貼っていたことで思いつきました。

　娘がシールを貼りたいがためにトイレに行くようになった心理が、「食事のコントロールにも役立つのでは」と始めたのですが、自分はもちろん、クライアントの方にも効果的で大変好評です。

　ぜひ、これらの方法を実践して楽しみながら取り組んでください。

6 リバウンドしない習慣を身につけるステップ［番外編］

　ダイエット後にリバウンドしない習慣を身につけるための4つのステップを解説してきました。この4つのステップ以外にも、リバウンドしないための方法があります。
　それを番外編としてここで紹介しましょう。

■ダイエットをスタートするリミットを先に決めておく
　リバウンド対策をしていても、どうしてもお盆、忘年会シーズン、年末年始などは体重が増えてしまいがちです。
　そこではじめから、「その時期は体重が増えてしまうものだ」と想定して、「自分の理想の体重より2kg増えたらダイエットをスタートする」という、**リミット体重を設定する**ことをお勧めします。
　例えば、ダイエットが成功して体重が70kgになったとしましょう。そのときに、リミット体重を72kgに設定しておきます。
　つき合いや長期休暇で食べすぎて体重が増え、体重が72kgになったら強制的にプチダイエットをスタートしてください。
　方法はフードチョイスのコースを1つ上に上げるか、食事量を少し減らします。筋トレはそのまま続けてください。
　このようにリミット体重を設定しておけば、プチダイエットですぐに体重と体型がもどるので、傷口を大きくすることなくリカバーできます。

■「悪徳ナイト」を開催しよう
　食べたいものを食べられない人生は楽しくありません。
　たまには食べたいものを食べたいだけ食べる日をつくってください。目

番外編 リバウンドしないための『悪徳ナイト』

1ヵ月に1〜2回は食べたいものを食べたいだけ食べる日、『悪徳ナイト』を開催してください！
心の栄養を満たすこともときには必要です

安は1ヵ月に1〜2回。私がお勧めするのは、休日前の夜です。理由は、休日前の夜はリラックスしているので、よりおいしく食べることができるからです。

　このときにはぜひ、遠慮せずに食べたいものを食べまくってください。
　ちなみに、私はこれを「悪徳ナイト」と呼んでいます。フードチョイスは体づくりの栄養補給にもってこいの食事方法ですが、**「悪徳ナイト」は心の栄養補給にもってこい**です。

　ただ、注意点は悪徳ナイトの次の日の過ごし方です。淡々といつものフードチョイスにもどしてください。「悪徳ナイト」を続けたり、回数を増やすとやがて体重は増え、体型も崩れてくるので注意してください。

　ご褒美としての位置づけで開催してくださいね。

■食べすぎてもくよくよしない。美味しかったと思うだけで太りにくくなります

　食べすぎてしまったときに、「あぁ、食べすぎてしまった。どうしよう

……」と落ち込んでしまうと、ストレスになります。

　人はストレスを感じると、コルチゾールというストレスホルモンが分泌されます。このコルチゾールには脂肪をつきやすくする効果があるので、食べすぎてしまってもネガティブに考えるのでなく、「あぁ、今日は美味しいものをたくさん食べたなぁ！　満足満足！」とポジティブに考えたほうが太りにくくなります。

　食べすぎた次の日に体重を量ると体重は増えていますが、それは体脂肪がついて増えたわけではありません。このときに増えた体重は食べ物や水分の重さなので、消化されればかなりの確率で元の体重くらいにもどります。
　食べすぎたとしても体脂肪になるまでには３日〜１週間程度はかかるので、１日食べすぎたとしても、３日〜１週間の間で運動量を少し増やすか、食事量を少し減らしてコントロールすれば問題ありません。

■空腹対策は「ちょこちょこ食事」
　空腹対策にもってこいなのが、「ちょこちょこ食事」です。
　食事の間の空腹期間が長いほど空腹感が強くなり、ドカ食い、キレ食いにつながって太りやすくなります。
　そこで、１日に食べる量を５〜６回くらいに小刻みに分けて、ちょこちょこ食べるだけで、空腹感が満たされ、食べすぎを防ぎ、太りにくくなります。

　　　　　　　　＊　　　　　　　　＊

　今まで、Ｂ３ダイエットのノウハウをお伝えしてきました。
　ただ、残念ながらこの本を読んだだけではあなたの体型は変わりません。では、変わるためには何が必要か？
　それは、あなたがＢ３ダイエットのノウハウを活かし、**ダイエットに成功してリバウンドしない自分に生まれ変わる、という勇気を持って行動する**ことです。
　勇気を持って行動することができれば、あなたは必ず変わります。

COLUMN 5 なぜ、太ももやお尻に肉がつきやすい？

　女性のクライアントの方からよくいただく質問があります。それは、「何で、上半身にはそんなにお肉がつかないのに、太ももやお尻にばっかり、脂肪がついて太るのか？」というものです。

　それは、簡単に言うと「女性ホルモン」が関係しています。

　女性ホルモンには脂肪を蓄えさせる働きがあり、これは妊娠や出産のときに必要なエネルギー源として脂肪を確保するためだと言われています。

　そして、子宮に近い場所にエネルギーを蓄える傾向があるため、太ももやお尻に肉がつきやすくなります。

　また、出産時にお腹にたくさん脂肪がついてしまうと、胎児の成長を邪魔してしまうので、代わりに太ももやお尻に肉がつきやすいとも言われています。

　「大昔は、現代みたいに食べ物が簡単に手に入らなかったので、食べられない期間があっても子孫を残すための出産のエネルギーを確保するために、こういう機能が備わったのかなぁ？」と、私は思っています。

　こうしたことから、男性に比べて女性は太ももやお尻に脂肪がつきやすく、ダイエットしてもその部位がやせにくいのです。

　では、お尻や太ももを引き締めるためにはどうしたらいいかと言うと、太ももやお尻の筋トレを、20〜30回できるくらいの負荷で、3セット行なえると理想的です（セット間は1〜2分休憩してください）。

　お尻と太ももをより引き締めたい女性は、2章でお伝えした、脚のトレーニングのスタンダードバージョンが楽に行なえるのであれば、1セット20〜30回に回数を増やしてやってみてください。

　また、余計な女性ホルモンを体外に出す働きのあるブロッコリーを1日1房程度、食べるのもお勧めです。ブロッコリーを食べたからと言って、体に必要な女性ホルモンまで体外に出すことはありません。女性らしい丸みのあるラインを失うことはありませんので、安心して食べください。

6章

B3ダイエット実践記

1

[実例1　M.Kさん（男性32歳）]

バレーボール部出身で細身だったが、社会人になって徐々に太ってしまった……

B3ダイエットとの出会いと成果

　Mさんは学生のころはバレーボール部で毎日体を動かしていたこともあり、どれだけ食べても太ることがなく、2人前は食べていたそうです。

　体つきも身長178㎝、体重60kgとかなりの細身で、どうしたら体重が増やせるだろうと考えていたくらいでした。

　ところが社会人になり、デスクワークで運動する機会が減り、20代後半から少しずつ太り始めました。30歳を超えたあたりから太るペースが早まり、気づくと身長178㎝、体重76kg、体脂肪率23％、ウエスト90㎝になってしまいました。

　数字だけ見るとそんなに太っているようには感じませんが、見た目はお腹が出てしまい、顔はパンパンでした。

　そんな中、「このままではよくない！　お腹を引き締めて細マッチョになりたい！」と、ダイエットを決意してB3（ビースリー）ダイエットを実践することになりました。

　結果は、
　体重　　　76kg→65kg（11kgダウン）
　体脂肪率　23％→12％（11％ダウン）
　ウエスト　90㎝→74㎝（16㎝ダウン）
とダイエットに成功して、見事に細マッチョな体を手に入れました。

　ダイエット後はフードチョイスを意識しながら、食事の量を少し増やして、自宅で筋トレを楽しみながら続けているおかげで、リバウンドせずに

過ごしています。

「ダイエットは、一歩踏み出してやり始めたら、どんどん楽しくなってきて目標までたどり着くことができました。次の目標まで続けていきます！」とおっしゃっています。

運動が減った現状に対応する

Mさんのように学生時代に部活をやっていると、ベースとなる基礎代謝が高く、運動量も多いので、1日の消費カロリーはかなりのものになります。2人前食べてもカロリーオーバーにならず、太らなかったのも不思議ではありません。

しかし、その食生活のまま社会人になると、年齢とともに下がる基礎代謝に加え、運動をしなくなることで、消費カロリーが減り、その結果、太ってしまいます。

実は、スポーツ選手にはこのパターンがあてはまる人が多いのです。

現役時代はハードなトレーニングをして、体づくりのためにたくさん食べることで筋骨隆々な体を維持しています。

ところが引退後、トレーニングをしなくなったにもかかわらず、食事の習慣がそのままだと、しだいに太っていくことになります。

スポーツ選手としての現役を引退した後でも太らない人は、トレーニングの強度は減ったとしても、トレーニングを続けているか、食事を見直しています。

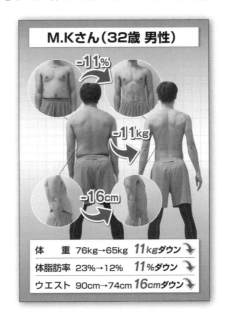

M.Kさん（32歳 男性）

体　重　76kg→65kg　**11kg**ダウン
体脂肪率　23%→12%　**11%**ダウン
ウエスト　90cm→74cm　**16cm**ダウン

2

[実例2　K.Yさん（男性44歳）]
仕事柄、昼食から夕食までの時間があき、徐々に太ってしまった……

夜のドカ食いの結果

　Kさんは、年齢とともに体重が徐々に増えてきて、気づくと体重86kg、体脂肪率34％、ウエスト104cmになっていました。
　また、健康診断の数値も悪化し、肝臓が要再検査になってしまいました。そこで「このままでは健康に悪影響がある！　ダイエットしなければ！」と一念発起して、B3ダイエットを実践することになりました。

　Kさんの食生活は、朝食と昼食はそんなに量を食べていなかったのですが、夜遅くまで仕事があることで、夕食の時間が遅くなり、さらにドカ食いをしていました。
　その原因は、仕事の関係で昼食を食べてから夕食までの時間があきすぎていたことにあります。食事と食事の時間があきすぎると、血糖値が下がりすぎて空腹感が増してしまうのです。
　その結果、一度食べ出すと食欲スイッチが入ってしまい、ドカ食いになりやすくなるのです。そして朝は、夜食べすぎたことでお腹がすいていないため、少ししか食べられないという悪循環に陥ります。
　これは働き盛りの男性にはよくあるパターンです。思い当たる人も多いのではないでしょうか。

食生活の見直しと間食の摂取

　そこで、食生活を見直すために、フードチョイスをしていただきました。フードチョイスをすると、血糖値の急激な上昇や下降が起こりにくくなり、過度な空腹感が出にくくなることから、ドカ食いを防ぎやすくなります。

6章 ● B3ダイエット実践記

　また、昼食と夕食の間があきすぎることを防ぐために、間食としてゆで卵やプロテインドリンクなどのタンパク質を摂っていただきました。
　すると、夜のドカ食いもなくなって適量で満足するので、朝食も食べられるようになりました。
　もちろんフードチョイスだけでなく、筋トレも同時進行で行ないました。

　その結果、3ヵ月後には、
　体重　　　86kg→79kg（7kgダウン）
　体脂肪率　34％→28％（6％ダウン）
　ウエスト　104cm→93cm（11cmダウン）
になりました。

　私のサポート後も、自分でB3ダイエットを続けられ、ダイエット開始から5ヵ月がたつころには、
　体重　　　86kg→76kg（10kgダウン）
　体脂肪率　34％→27％（7％ダウン）
　ウエスト　104cm→89cm（15cmダウン）
になり、健康診断の結果もすべて正常値になりました。

　現在は、フードチョイスを少し緩めにしながらも、自宅で筋トレを続けています。
　本人はもちろんですが、体調を心配していた奥様もすごく喜んでいらっしゃいました。

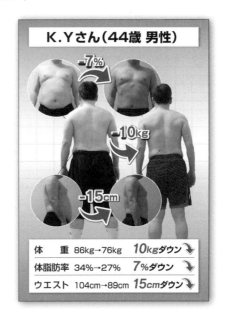

K.Yさん（44歳 男性）
-7%
-10kg
-15cm

体　重	86kg→76kg	10kgダウン
体脂肪率	34%→27%	7%ダウン
ウエスト	104cm→89cm	15cmダウン

3

[実例3　T．Kさん（女性55歳）]
外見は太って見えなくても
中身が変わってしまった……

「お菓子大好き」の食生活

　Tさんは、もともと太っていたわけではなく、健康診断でもオールAという健康体でした。

　ご本人がおっしゃるには、「重力に負けた体……」。ポッコリお腹に悩んでいました。それでも服を着ていると、周りの人からは「Tさんはやせていていいね〜」と言われていたそうです。

　「最近、太ってきちゃった。どうしよう……」と、友だちに体型が変わってしまった悩みを打ち明けても、「それ、嫌味にしか聞こえないよ」と言われてしまう始末。

　それでも体型を変えたいと思い、フラダンス、ヨガなどをやってみても3日坊主だったそうです（フラダンスやヨガは効果がないと言っているわけではなく、Tさんには合わなかったようです）。

　そんな中、「運動だけではダメだ！　食事を変えないと」と思い、B3ダイエットを実践することにしました。

　私がサポートさせていただく前の食事内容を聞くと、お菓子が大好きで、毎日しょっぱいお菓子を食べた後に、甘いお菓子を食べているとのことでした。

　そのためB3ダイエットを始めたばかりのころは、フードチョイスの基本的な考えである、低糖質、高タンパク質、良脂質の食品を摂ることに苦戦し、食欲がおさまりにくく、何度かケーキをドカ食いしてしまうこともあったようです。

　恐らくこのときは、長年、糖質を常習的に摂りすぎていたことによる、機能性低血糖症の状態になっていたと思われます。

「我慢できなかったら食べていい」

ドカ食いして落ち込んでいるTさんに、「私もそうでしたから大丈夫です。はじめから完璧を目指さず、少しずつ修正していけば必ずできますよ。どうしても我慢できないときは、お昼に食べてくださいね（夜の糖質摂取は脂肪に変わりやすいため）」とアドバイスしました。

「我慢できなかったら食べていい」という言葉に安心したのと、糖質が少ない食事に慣れてきたこともあって、2週間をすぎたあたりから、過剰な食欲やお菓子を食べたい気持ちが落ち着いてきました。

その結果、フードチョイスも苦にならなくなり、ダイエットの効果も徐々に出てくるようになりました。

そして、3ヵ月後には、

体重　　　41.5kg→ 40kg（1.5kgダウン）
体脂肪率　21％→ 17％（4％ダウン）
ウエスト　68.2㎝→ 64.2㎝（4㎝ダウン）

という結果に。

もともとやせている方なので数字の変化は少ないですが、筋トレもしっかり行なったことで体が引き締まり、ポッコリお腹も見事解消しました。

ダイエット後もリバウンドしないように、フードチョイスをして（糖質量は少し増やして、たまに食べたいものを食べる）、筋トレも続けたことで、体脂肪率がさらに1％減り、腹筋のラインが出てきたと大喜びしていました。

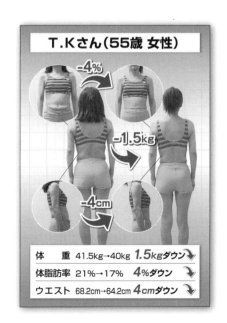

4

[実例4　K.Bさん（男性45歳）]
メタボ体型で
健康診断の数値もよくなかったが……

医師からも注意されるメタボ体型

　Kさんは、一般的に言うとメタボリックシンドロームにあてはまる体型でした。

　健康診断の数値も高めで、医師から「やせてください」と指示があったものの、本人は体調が悪いという自覚もなかったので、危機感をあまり感じていなかったそうです。

　そんな中、デスクワークの疲れからギックリ腰になってしまい、私の整体院に来院されました。ほどなくギックリ腰はよくなったのですが、疲れが溜まってくると腰痛が出てくるという日々。

　どうにかしたいなと思っていたときにB3ダイエットを知り、「これならやせられるし、筋肉が強くなれば腰痛もなくなるかもしれない」と考えてダイエットを決心されました。

　最初のころこそ、フードチョイスと筋トレがきつそうでしたが、1週間もすぎると慣れて、むしろ楽しみながら実践できたそうです。

　その結果、私のサポートが終わる3ヵ月後には、
　体重　　　91kg→82kg（9kgダウン）
　体脂肪率　33.5%→29%（4.5%ダウン）
　ウエスト　110cm→98cm（12cmダウン）
が実現しました。

腰痛が消え、検査数値も正常に

サポート終了後もフードチョイスと筋トレを自分で続け、さらに3ヵ月がすぎるころには、

 体重 91kg→78kg（13kgダウン）
 体脂肪率 33.5%→24%（9.5%ダウン）
 ウエスト 110cm→91cm（19cmダウン）

にまでなり、さらにダイエットに成功しました。

そして、

「健康診断の数値も正常値になって、医師からも驚かれました。腰痛もまったくなくなりましたし、人生に新しい価値観ができて自分に自信が持てるようになりました！　毎日が本当に楽しいです」

と嬉しいご報告をいただきました。

こういった体の変化は、フードチョイスと筋トレによって体脂肪が減り、内臓機能が正常になっただけでなく、筋肉が強くなったからだと考えられます。

また、Kさんのメンタル面の変化は、毎日、自分との約束を守り続けたことによって実現した体型の変化が、自信につながっているのだと思います。

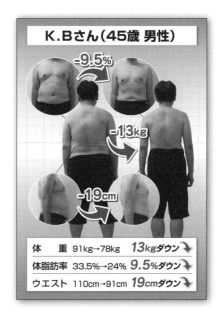

5

[実例5　O.Kさん（女性42歳）]
子供を産んでから体重が増え始めたが、いいスタイルを取りもどしたい……

フードチョイスをきっかけに料理好きに

　Oさんは、3人目のお子さんを産んでから体重が増え始め、自己流のダイエットをしてもなかなか結果が出なかったそうです。
　補正下着を購入し、体型のバランスを整えていたものの、
　「いいスタイルになりたい」
　「しっかりと体脂肪を燃やしてやせたい」
　「パーソナルトレーニングをやってみたい！」
という思いから、B3ダイエットに取り組むことにしました。

　最初は、「筋トレが続くか不安だった」とのことでしたが、やっていくうちにどんどん自信がついて、頑張ってくださいました。
　料理をすることもそんなに好きではなかったそうですが、フードチョイスをきっかけに食事の大切さと、「同じ食べるなら美味しいものを食べたい」という思いから料理に目覚め、「料理の楽しさがわかってきた」と、楽しみながらフードチョイスを続けてくださいました。
　また、ダイエット中でもお菓子を食べたいということで、低糖質の食材を使って、自分で「おからクッキー」をつくって食べていました。
　（こうしたことについては、後でOさんのご主人から嬉しいご報告をいただきました）

　そして3ヵ月がすぎるころには、
　体重　　　62.5kg→57.5kg（5kgダウン）
　体脂肪率　33％→27％（6％ダウン）

ウエスト　94.5cm→81.2cm（13.3cmダウン）
になりました。

「楽しむ」ことが続けられる秘訣

　私のサポート後も、リバウンドしないためだけでなく、もう少し体を引き締めたいとのことで、現在はスポーツジムに通って筋トレを続け、ボディーメイクに励んでいます。
　さらに最近は、筋トレ以外にボクササイズも始めたそうです。

　実は、Oさんのご主人は、私の整体の患者さんでもあります。
　先日、そのご主人が、こんなことをおっしゃっていました。
「先生、以前はキッチンに立つのがあまり好きじゃなかった嫁さんが、料理を喜んでつくってくれるようになって嬉しいんだよね〜。
　前は、義務感でつくっている感じだったけど、今はすごく楽しそう。こないだなんて子供たちと一緒にキッチンに立って、おからクッキーや豆乳プリンをつくったりしていてビックリしたよ！
　先生、いいきっかけをくれてありがとうね！」
と言ってくださいました。

　これを聞いたときに、5章の「リバウンドしない4つのステップ」でもお伝えしたように、「続ける秘訣は楽しむことだ」と改めて認識させていただきました。

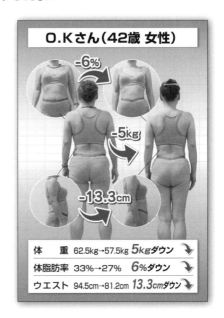

O.Kさん（42歳 女性）
-6%
-5kg
-13.3cm
体　重　62.5kg→57.5kg　5kgダウン
体脂肪率　33%→27%　6%ダウン
ウエスト　94.5cm→81.2cm　13.3cmダウン

[実例6　Y.Kさん（女性39歳）]
脚とお尻に肉がついて、ダイエットしてもスタイルが変わらない……

有酸素運動でダイエットしたが

　Yさんは、2人目のお子さんを産んでから、年々、少しずつ脚やお尻の肉が増えてきていることに悩んでいました。

　どうにかしようとスポーツジムで有酸素運動によるダイエットに取り組み、その結果として体重を落とすことはできたものの、スタイルがそんなに変わらないことが不思議だったそうです。

　そんなときにB3ダイエットを知って、「40歳になる前に、もう一度体を引き締めたい」「スキニージーンズをカッコよくはきたい」「同窓会にオシャレして出たい」と思い、筋トレをして食事を見直すことを決意し、B3ダイエットを実践しました。

　ちなみにYさんは、健康上の問題はありませんし、服を着ているときには太って見える体型ではありません。

　そんなYさんですが、はじめての筋トレとフードチョイスの食事に不安半分、期待半分の気持ちでスタートしました。

　やり始めてみると、フードチョイスは思っていたほどツラくなく、逆に工夫して食事をつくることが楽しかったそうです。

　そして、体重の変化とともに、筋トレの効果でスタイルの変化が実感できて、ツラさより楽しさや喜びのほうが大きくなっていったそうです。

　3ヵ月たつころには、
　体重　　　53.6kg→50.5kg（3.1kgダウン）
　体脂肪率　26.7%→21.7%（5％ダウン）

ウエスト　79.5cm→67.5cm（12cmダウン）

になり、お腹がすっきりしただけでなく、脚やお尻も引き締まり、目標であったスキニージーンズもはくことができてとても喜んでいらっしゃいました。

また、お子さんの小学校の入学式に着て行ったスーツが、Ｂ３ダイエット前はきつくなっていたそうですが、Ｂ３ダイエット終了後には「あらビックリ！」。余裕を持って着ることができたそうです。

生活の中で自然と筋トレ・フードチョイスを行なう習慣

現在も、さらにボディーメイクを続けたいと思い、Ｂ３ダイエットプログラムを自分で実践しています。

自宅よりも環境を変えたほうが続けられる性格ということで、市が運営するスポーツセンターのジムで筋トレを行ない、食事はフードチョイスをしつつ、友だちとランチに行ったりして食べたいものを食べながら、体型をコントロールしているそうです。

そして、私のサポートが終わって２ヵ月がすぎたころには、

体重　　53.6kg→49.1kg
　　　　（4.5kgダウン）
体脂肪率　27.7%→20.6%
　　　　（7.1%ダウン）
ウエスト　79.5cm→66.5cm
　　　　（13cmダウン）

になりました。

今では、完全に筋トレとフードチョイスをする習慣が身につき、筋トレをすることが、生活の中で優先順位の上位になっているそうです。

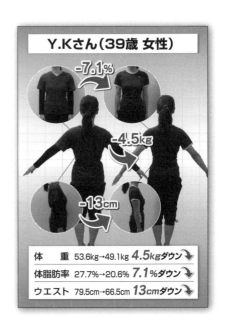

Y.Kさん（39歳 女性）
-7.1%
-4.5kg
-13cm
体重　53.6kg→49.1kg　4.5kgダウン
体脂肪率　27.7%→20.6%　7.1%ダウン
ウエスト　79.5cm→66.5cm　13cmダウン

7 あなたのなりたい体型になりましょう

あなたが行動しなければ何も変わらない

　６つの実例でＢ３ダイエットを実践された方々のビフォーアフターを見ていただきました。皆さん、ダイエットに成功され、リバウンドしない習慣を身につけられた方々です。そして現在もボディーメイクに励んでいます。

　ダイエットを成功させ、リバウンドしない習慣を身につける上で、もう１つお伝えしたいことがあります。それは、「あなたのなりたい体型になりましょう」ということです。

　ここまで読んでくださったあなたならもうお気づきだと思いますが、あなたの体はあなたが行動しなければ変わることはありません。あなたの代わりに私がＢＩＧ３の筋トレをすることはできませんし、フードチョイスをしてあげることもできません。

　もし、あなたが今よりスリムになりたい、スタイルのいい体型になりたい、健康的になりたい、と思っているのならば、ぜひ行動に移してください。

　あなたの人生の代わりをやってくれる人がいないように、あなたの体づくりを代わりにやってくれる代役はいないのです。

なぜ「特別切符」を使わないのか

　生きているといろいろなことがあると思います。嬉しいことばかりではありません。

　「一所懸命勉強したのに、志望校に受からなかった」
　「徹夜で仕事に打ち込んだのに、結果が出なかった」

など、努力したにもかかわらず、報われないこともあるでしょう。

しかし、体だけは違います。努力したら努力した分だけ、行動を積み重ねたら積み重ねた分だけ、どんどん変わっていきます。

つまり、**やっただけ結果がついてくる**のです。

それなのに、ダイエットという行動をしないのは、実にもったいないことです。どれくらいもったいないかと言えば、「大好きな人に告白さえすれば、絶対におつき合いできる『特別切符』を持っているのに告白しない」ほど、もったいないことです。

行動する内容はいたってシンプルです。
・基礎代謝を上げるために、週に2回、BIG3を筋トレする
・低糖質、高タンパク質、良脂質の食材を選んで食べる、フードチョイスをする
・生活習慣になるまで筋トレとフードチョイスを続ける

これだけです。

そして、これは花を育てることに例えることができます。

まず、目標という名の【種】を心に持ってください。例えば、「こういう体型になりたい」というような目標です。

その種を心に植えて、フードチョイスという名の【水】とBIG3を筋トレするという名の【肥料】を体にあげてください。

そして、それらを続けられるように、「楽しみながらやる」という名の【太陽の光】を【種】に降り注いでください。

すると、種から芽が出て（体脂肪が燃えて）、茎が育ち（筋肉が育ち）、あなたがなりたいと願った、あなただけの花（なりたい体型）が咲きます。

あなたはなりたい体型になれます！

水（フードチョイス）と肥料（筋トレ）をあげはじめのころは、きついこともあると思います。しかし、きつい期間は長くありません。太陽の光（楽しみながらやる）を心に浴びれば、すぐに慣れてきます。

慣れてきた後は、きつさも感じることなく続けることができます。そし

て、気づくとあなたのダイエットは成功し、リバウンドしない習慣も身についています。

　あなたがなりたい体型になるころには、健康も一緒に手に入れています。そして、見た目の変化だけでなく、自信がつき、心が変わります。心が変わることで、考え方や行動がより積極的になります。

　そうなると人生がどんどん変わっていきます。これは、私自身のダイエット経験とクライアントの方々の変化を見ていて確信していることです。

　つまり、
　生活習慣が変われば体が変わる
　体が変われば心が変わる
　心が変われば人生が変わる
　ということです。

　最後になりますが、体を変えることに年齢は関係ありません。誰でも、「今」行動し続ければ、必ず変わることができます。

　Ｂ３ダイエットがきっかけになり、あなたが新しい自分と出会うことができたらこれ以上の喜びはありません。

　ぜひ、あなたの望む、なりたい体型になり、自信に満ちあふれた楽しい人生を送ってください。

　私が勝手に宣言します。

　心配いりません！　大丈夫！！

　Ｂ３ダイエットを行なえば、あなたはなりたい体型になれます！

　さぁ、一歩を踏み出しましょう！！

おわりに

　私は子供のころから、太っていた人生を送ってきました。そんな私がダイエットの本を書く日がくるなんて、想像もしていませんでした。なぜなら、自分が健康的なやせた体型になることなんて、一生ないだろうと思っていたからです。
　でも、113kgから40kgダイエットすることができました。それは私が意志の強い、ストイックな人間だったからではありません。

　しかし、あのころのまま筋トレをせずに食べたいものを食べ続けていたら、私は病気になり、食べたいものも食べられなくなっていたと思います。
　そんな私がダイエットを始めてから５年間、リバウンドすることなく体型を維持できているのは、Ｂ３ダイエットに出会い、食事や運動の正しい知識を身につけ、それを楽しみながら行なうことが習慣になったからです。
　ただ、習慣になるまでの期間は少しだけきついかもしれません。
　例えば、自転車を乗るときを想像してみてください。きついのはペダルを漕ぎ始めたときだけです。一度スピードに乗ってしまえば、維持していくのにさほど力はいりません。
　ダイエットに成功し、リバウンドしない習慣を身につけることは、これとまったく同じです。たまにはスピードが落ちて、自転車がフラフラしてしまうときもあるかもしれません。そんなときには、本書を教科書代わりに読み返してください。また力強くペダルを漕ぎ始められるきっかけになると思います。
　Ｂ３ダイエットのノウハウを身につけたあなたは、数年後、今のあなたとはまったく違った体型で過ごしています。しかも健康という特典つきで。私がお約束します。ぜひ実践して成果を上げてください。

　最後にこの本を出すにあたってたくさんの方々にお世話になりました。その方々に心からお礼を言いたいと思います。

Ｂ３ダイエットグループ代表　徳山将樹先生へ

　私にダイエットのイロハを教えてくださり、またＢ３ダイエットの考案者でありながら、体型に悩んでいる方のお役に立ちたいという私の想いを理解して執筆の許可をしていただき、本当にありがとうございました。いつも優しく見守ってくださり、感謝しています。徳山先生のおかげで私は人生が変わりました。これからもどうぞよろしくお願いいたします。

　Ｂ３ダイエットトレーナー仲間のみんなへ

　執筆中も「寺平先生、本、楽しみにしています！」と励ましてくれ、嬉しかったです。いつもたくさんのサポートをしてくださり、ありがとうございます。みんなとの出会いは宝物です。

　整体の師匠　前田和弘先生へ

　先生から教えていただいた「コツコツは力なり」の精神が、私の中でいつも生きています。おかげさまでダイエットも執筆も頑張ることができました。どうもありがとうございました。

　メンターの鈴木暁光先生へ

　先生から教えていただいた、自分との約束を守ることの大切さは私の財産となっています。いつも人生の大切な気づきをくださり、ありがとうございます。

　Ｂ３ダイエットのクライアントの方へ

　３ヵ月で50万円という、安くはないプログラムのノウハウにもかかわらず、本を出すことに対して嫌な顔をするどころか、笑顔で「わぁ、すごい！　先生、頑張ってくださいね！」と応援してくださり、ビフォーアフターの写真とエピソード掲載の許可までいただき、本当にありがとうございます。皆様とのご縁なくして、この本の出版はありませんでした。

　執筆に際してアドバイスしてくださった先輩著者の皆様へ

本の出版への思いを形にするために様々なサポート、アドバイスをくださった（株）Shuka Berryの前川あゆさん、前川さんの著者プロジェクトの先輩著者の方々、（株）アイ・コミュニケーションの平野友朗さん、（株）ザッツの米満和彦さん、ライフパートナーズ（株）の竹内弘樹さん、いつも親身に丁寧に教えていただき、ありがとうございました。

　妻と4人の両親へ
　いつも私を優しく見守り、支えてくれてありがとうございます。私は家族みんなのおかげで夢を追いかけて頑張ることができます。心配もかけていると思いますが、これからも家族の幸せを考えて一歩ずつ人生を歩んでいきます。よろしくお願いします。

　娘、彩笑へ
　お父さんはあなたがお母さんのお腹に宿ったとき、何があっても家族を守ろうと心に決めました。「そのためには自分が健康でなくてはいけない」と、あなたの存在が私にダイエットを決意させてくれました。あなたはお父さんとお母さんにたくさんの喜びをくれます。産まれてきてくれて本当にありがとう。

　そして最後に、同文舘出版株式会社　古市達彦編集長へ
　執筆のチャンスをくださり、心から感謝いたします。また、なかなか筆が進まなかったときに、「考えすぎずに気楽に書いてください。原稿を出してくれれば大丈夫。私が何とかしますから。この道で30年やってるんだから！」と笑顔で言ってくださって気持ちが楽になりました。それからは順調に書くことができました。本当にどうもありがとうございました。

　この本を手に取り、最後までお読みくださったあなたへ
　ありがとうございました。あなたとのご縁に感謝いたします。

2017年8月　　　　　　　　　　　　　　　　　　　　　　　　寺平義和

参考文献

　本書では、私が様々な著書やセミナーなどで学んだことを自分なりにフィルターにかけて紹介させていただいています。参考文献にあげさせていただいたものは、私が影響を受けた書籍ですので、こちらも読んでいただきたいと思います。

『かっこいいカラダ ultimate edition 2 サプリメントを極める!』
　（山本義徳・著　ベースボール・マガジン社）
『かっこいいカラダ the origin―メタボ知らずのボディをつくる一撃必殺の肉体改造マニュアル』（山本義徳・著　ベースボール・マガジン社）
『「年齢とともにヤセにくくなった」と思う人ほど成功する 食事10割で代謝を上げる』（森拓郎・著　ワニブックス）
『糖質制限食ハンドブック：食品の糖質量がひとめでわかる！』
　（大柳珠美・著　アスペクト）
『危ない油と健康になるオイル』（藤田紘一郎・著　英和出版社）
『一生太らない体のつくり方』（石井直方・著　エクスナレッジ）
『「1日30分」を続けなさい！ 人生勝利の勉強法55』
　（古市幸雄・著　マガジンハウス）
『嫌われる勇気―自己啓発の源流「アドラー」の教え』
　（岸見一郎・古賀史健・著　ダイヤモンド社）

著者略歴

寺平 義和（てらだいら よしかず）

整体師・Ｂ３ダイエットトレーナー。
1980年生まれ、愛知県大府市出身。2002年に村上整体専門医学院名古屋校を卒業し、同校講師を経て最年少学院長に就任。2006年に整体院「体のバランス矯正院」を開業する。
幼少時から肥満に悩み、ダイエットとリバウンドを繰り返して30歳で体重113kgに。肝臓と尿酸値が正常値を超えたのを機に、本気で体質改善とダイエットに取り組むことを決意する。徳山将樹氏考案のＢ３ダイエットに出会い、９ヵ月間で40kgの減量に成功する。その経験から2012年にＢ３ダイエットトレーナーになり、整体院でＢ３ダイエットプログラムを開始。「太っている人の気持ちが誰よりもわかるトレーナー」として評判を呼び、高額プログラムが３ヵ月の予約待ち状態となる。
整体師・ダイエットトレーナーとして多忙な日々を送りながら、さらに多くの体型に悩む人々の役に立ちたいと、講演活動にも精力的に取り組んでいる。

お問い合わせ先　info@teradaira.com　　Ｂ３ダイエット東海スタジオ　HP　http://teradiet.com/

Ｂ３ダイエット考案者 徳山将樹氏のホームページ https://b3-diet.com/	東海スタジオ ホームページ	東海スタジオ メールマガジン

ビジネスマンのための
Ｂ３（ビースリー）ダイエットであなたも必ずやせられる！

平成29年9月19日　初版発行

著　者 ── 寺平　義和
発行者 ── 中島　治久

発行所 ── 同文舘出版株式会社
　　　　　東京都千代田区神田神保町1-41　〒101-0051
　　　　　電話　営業03（3294）1801　編集03（3294）1802
　　　　　振替 00100-8-42935　http://www.dobunkan.co.jp

©Y.Teradaira　ISBN978-4-495-53811-8
印刷／製本：三美印刷　Printed in Japan 2017

JCOPY 〈出版者著作権管理機構 委託出版物〉
本書の無断複製は著作権法上での例外を除き禁じられています。複製される場合は、そのつど事前に、出版者著作権管理機構（電話 03-3513-6969、　FAX 03-3513-6979、　e-mail: info@jcopy.or.jp）の許諾を得てください。